つくね乱蔵 実話怪談 傑作選

厭ノ蔵

つくね乱蔵

JN052859

竹書房
怪談
文庫

※本書に登場する人物名は、様々な事情を考慮してすべて仮名にしてあります。また、作中に登場する体験者の記憶と体験当時の世相を鑑み、極力当時の様相を再現するよう心がけています。現代においては若干耳慣れない言葉・表記が登場する場合がありますが、これらは差別・侮蔑を意図する考えに基づくものではありません。

まえがき　厭ノ蔵へようこそ

ある物事を瞬間的に不快に感じ、遠ざけようとする気持ちを嫌という。

これに対し、しつこく繰り返される不快感から逃げようとする気持ちが厭である。

今、あなたは古ぼけた蔵の前に立っている。

蔵の中には様々な形の厭が保管されている。

引き返すなら今のうちだ。一つでも手に取ったなら、残りも次々にまとわりついてくるだろう。

それでも良い、望むところだと仰るのなら、止めはしない。

蔵に入り、腰を据えて厭と向き合うがいい。

僅かながら新しい厭も入れておいた。

全て確認し、無事に蔵を出たからといって、安心してはならない。

その瞬間から、あなたの中に蔵が建っている。

さて、準備はよろしいか。

それでは厭ノ蔵を開けよう。

目次

3 まえがき
6 増加する部屋
13 首吊りライン
19 二人だけとは限らない
24 鈴なりの木
36 減量中止
40 虚ろの城
49 この子をよろしく
55 そばにいるよ
61 甘納豆
68 オリンピックの年に
71 由紀恵さんと象
77 上、上！
84 紙般若
91 紙般若・後日談

97 あの子のランドセル
110 長椅子
115 諦めた母
122 他人様の子
127 離れない
131 条件更新
137 指折り数えて
143 鬼顔の母
153 群れる秘仏
161 十五年の影
167 包囲網
175 仏の退職
182 沈む人形
189 唇と爪先
193 記念写真
199 潮騒の母
203 おかあちゃん
208 ねぶり箸
214 落ち首
220 あとがき

増加する部屋

社会人二年目の春、森本さんは親元から独立した。

金銭的負担を親に掛けないと決めていた為、二年掛けて資金を貯めていたのだという。

新居は会社から電車で五駅の場所にある。

賑やかな駅前を離れて十分程歩くと、豊かな緑に覆われた公園が見えてくる。

森本さんのマンションは、その公園のすぐ側にあった。

築年数が五年に満たない1ＬＤＫ、しかも四階の角部屋だが、世間の相場より二割ほど安い。

物件を紹介してくれた管理会社曰く、多少安くても全室埋めておいたほうが、オーナーとしてはありがたいのだそうだ。

何か出るのではと脅かす友人もいたが、森本さんの部屋には、そのような気配すらなかった。

ただ、一つだけ気になることがあった。

マンションは一階が五部屋、二階から四階が六部屋ずつの四階建てだ。

その一階右奥の角部屋が、些か妙なのである。

窓が全てベニヤ板で塞がれているのだ。

ベランダ側は勿論のこと、出窓も形に合わせて丸ごと塞がれている。

それどころか、御丁寧にも換気扇まで板が貼り付けてあった。

要するに、光も風も一切シャットアウトしている訳だ。

見た目も悪いし、防火の面からもよろしくない。

一体、何の為に封鎖しているのか。

一度、気になりだすと、怖い妄想が次々に湧いてくる。

管理会社に訊けば話は早いのだが、その機会はなかなか訪れなかった。


何日か経ち、朝のゴミ出しでよく顔を合わせる住人と会話を交わせるまでになった。

伊藤と名乗るその女性は、森本さんの部屋の真下の住人であった。

森本さんよりも五歳年上で、建築関連の会社に勤めているという。

森本さんは、さりげなくベニヤ板の部屋のことを持ち出してみた。

「ああ、あの部屋。ちょっと前に工事してたわよ。言われてみれば気になるわね。いいわ、この辺りを担当してる建築屋に訊いてみてあげる」

これでどうにか気持ちが落ち着きそうだ。

森本さんは、伊藤さんからの返事を心待ちに過ごした。

数日後。

いつものようにゴミを出しに行くと、丁度伊藤さんが降りてきたところであった。

「おはようございます。伊藤さん、どうでしたか？」

いつも朗らかな伊藤さんは、珍しく表情を曇らせている。

「どうかしたんですか、伊藤さん」

伊藤さんは深く溜め息を吐き、諦めたように話しだした。

囁くように小さな声だ。

詳しくは言えないがと前置きし、伊藤さんは簡潔に教えてくれた。

あの部屋に入居した人が、連続して死んだのだという。病死、事故死、中には昔の恋人に殺された者もいるらしい。

暮らし始めて半年経たぬ間に、様々な死が形を変えてやってくるのである。

このマンションは新築だし、きちんと地鎮祭もやっている。

オーナーも誰かに恨まれるような人間ではない。だから祟りとか呪い等とは無縁のはずだ。

管理会社もオーナーも、当初はそうやって乗り切ろうとしたらしいが、結局は封印することに決まったそうだ。

ただし、ベニヤ板以外の材料が使われない理由までは分からなかった。

「何かヤバいから調べるの止めるわ。悪いこと言わないから、あんたもこれ以上詮索しないほうがいいよ。とりあえず変なのは、あの部屋だけ。全部の部屋がそうなら逃げるけどさ」

言われるまでもない。そのような過去を持つ部屋があるのは怖くて堪らないが、伊藤さんが言う通り、こちらに被害がなければそれでいい。

正直、引っ越したい気持ちはある。けれど、その為の資金がない。

森本さんは、できるだけあの部屋を視界に入れないように暮らそうと努力した。


伊藤さんから事情を聞いた日から、二週間が経った。

その日、森本さんは残業で遅くなり、会社からタクシーに乗った。

マンションの名を告げると、運転手は一瞬、動きを止めた。

この人は何か知っているに違いないと直感した森本さんは、思い切って話しかけた。

「運転手さん。あのマンションって、何かあったんですか。角部屋がベニヤ板で封印されてるでしょ。友達に聞いたけど、新築で地鎮祭もきちんとやったって言うし。それなのにあの部屋に入ると自殺するって。何か御存知ないですか」

けれど、どう頼んでも運転手は頑として話そうとしない。

黙り込んだまま、マンションの近くに車を止めた。

「すいません、ちょっと車の調子が良くないみたいでして。ここで降りていただいてもよろしいですか」

嘘に決まっているのだが、ここから歩いても高が知れている。

森本さんは逆らわずに料金を支払った。ドアを閉めるとき、運転手は独り言のように呟いた。

「地鎮祭ぐらいじゃどうにもなりません。ベニヤ板部屋、もしも増えたら一刻も早く逃げたほうがいいですよ」

それだけ言い残し、運転手は急発進した。

夜道に残された森本さんは、ためらいながら歩きだした。マンションが見えてくる。

足が止まった。

ベニヤ板部屋が二つに増えていたのだ。

いつもの部屋と、その真上の部屋が封印されている。

どんな人が住んでいたか見当も付かない。ポストには男性の名前が貼ってあった。

さっき聞いたばかりの運転手の言葉が脳内で再生された。

〈ベニヤ板部屋、もしも増えたら一刻も早く逃げたほうがいいですよ〉

訳の分からない不安に押し潰されそうになった森本さんは、まんじりともせず夜を明かし、当面必要な荷物をまとめて部屋を出た。

しばらくは親元で暮らすつもりであった。

幸いにも、何とか通える範囲である。森本さんは、結局二週間を親元で過ごした。

このまま無駄に家賃を支払い続けるのも馬鹿らしい。森本さんは、一旦、部屋を解約する為に管理会社に出向いた。

担当者は事務的に処理しただけで、理由すら訊こうとしない。

森本さんは管理会社から出た直後、引っ越し業者に連絡した。片付けから積み込みまで丸ごと頼む。

一日でも早く、あのマンションと無縁の存在になりたかった。


翌日。

業者との待ち合わせに間に合うように、森本さんは家を出た。

駅を出て、二週間ぶりにマンションへの道を歩く。

午前中とはいえ、やはり少し怖い。俯いたままマンションの敷地に入り、思い切って顔を上げた。

森本さんは、思わず口を押さえた。

ベニヤ板の部屋は三つに増えていた。森本さんの部屋の真下だ。つまり、伊藤さんの部屋である。

震える足で伊藤さんの部屋に向かう。エレベーターホールを抜け、通路に出る。

伊藤さんの部屋は既にベニヤ板で封印されてあった。

恐る恐る近付いてみると、何処からか線香の匂いが漂ってきたという。

到着した引っ越し業者は、ベニヤ板の部屋を見て首を傾げて言った。

「ここもか」

「あの、ここもかってどういう意味ですか」

「あ、来るまでに何軒か見かけたんですよ。一戸建てもマンションも両方あったなぁ。あんな感じにベニヤ板貼り付けてました」

積み込みを終えたトラックを見送る森本さんの背後で妙な音がした。

恐る恐る振り返ると、一番下の部屋のベニヤ板がひとりでに剥がれようとしている。

森本さんは遠慮なく悲鳴を上げ、全力で走って逃げたという。

首吊りライン

大竹さんは、京都市内のとある寺に警備員として勤めている。

何年か前までは昼勤務だけの契約であった。夜間も必要となったのには理由がある。

着任早々、大竹さんは先輩からその理由を聞かされた。

境内で首を吊られたのだという。

第一発見者は清掃業者である。寺務所前の道は墓地へと通じているのだが、その途中の木にぶら下がっていた。

業者は警察への通報を思いとどまり、ひとまず寺務長に連絡した。

突発的な有事の際、警備や清掃の担当者は、真っ先に寺の判断を仰ぐよう指示されていたからだ。

駆けつけてきた寺務長は救急車を呼び、警察には連絡をしなかった。

いずれにせよ、警察の知るところになるのだが、とりあえず大切にすべきは世間体である。

同じサイレンでも、救急車とパトカーとでは、興味の持たれようが違ってくる。

おかげで、知る者は一部の関係者だけとなった。

「ちなみにな、一度だけじゃないんだよ」

先輩が嬉しそうに言った。首吊りは半年で三度も行われたというのだ。

それが元で、夜間も警備員が巡回するようになったのである。

新人を怖がらせるのが習慣になっているのだろう。わざわざ境内の平面図を持ち出して説明を始める。

「ここと、ここ、それとここ」

示された三箇所は、墓地前と庭園と塀沿いである。

何かが気になり、大竹さんはじっくりと図面を見つめた。

「ああそうか」

思わず声が漏れた。三点を結ぶと一直線に並ぶのである。少しの歪みもない、まっすぐな線だ。

言われて初めて気付いたのだろう。先輩は目を丸くして見直している。

その日の当務を終えた大竹さんは、門を出たところで立ち止まった。

昨日の直線が頭に浮かぶ。あの線を延ばしていくとどうなるのか。

スマートフォンを取り出し、周辺の地図を表示した。

幸いにもと言ってはおかしいが、直線は駅のほうへ向かっている。

この日から大竹さんは、町並みを観察しながら歩くのが習慣になってしまった。

とはいえ、目標はあくまでも葬式である。自宅で葬儀を行う家も少ないだろうから、それほど期待は持てない。

忌中の家を見つけたところで、首を吊られたんですか等と訊けるはずもない。

あくまでも好奇心を満たす為の行動でしかなかった。

ところが、観察を始めて二週間目のこと。大竹さんは首吊り自殺に遭遇してしまったのである。

寺から歩いて五分ほどの家だ。

救急車が到着したばかりのようで、何やらごった返している。

もしかしたらと思った大竹さんは、野次馬に紛れて事の推移を見守った。

救急隊員が処置をしながらストレッチャーを押してきた。母親らしき女性が必死で呼びかけている。

「ようちゃん、返事して、お願い」

その声にいたたまれなくなり、場を離れようとした大竹さんは、何げなく玄関の奥を見た。

首吊りに使ったと思しきロープが垂れ下がっている。

前にいた野次馬同士が、「自殺だってさ」「あのロープだな」などと囁き合っていた。

事ここに至り、大竹さんは本腰を入れて調べ始めた。

住宅地図を買い求め、自殺現場を赤線で繋ぐ。やはりまっすぐだ。

一箇所増えたおかげで、更に明確になった。その線を延ばしていく。

何十軒もの家が繋がれていく。この全ての家を調べることなど不可能である。

それでも、暇を見つけてうろつけば、この間のような場面に出会えるかもしれない。

大竹さんはその後も地道に観察を続けた。休日には、わざわざ車を走らせるほど夢中になったという。

その結果、半年の間に見つけたのは、忌中の札を貼っている家が二軒である。

当然ながら、首吊りかどうかは分からない。それでも、その家は二軒ともがピタリと直線上にあった。

これ以上は県外に出てしまう。いい加減、この辺りで止めたほうがいい。

そう思いながら、今までの成果である地図を広げた。これはこれで面白かったな、等と呟く。

じっと眺めるうち、疑問が湧いてきた。

線の出発点は何処だ。寺の首吊りが一番目だと決めつけていいのか。

大竹さんは、直線を逆の方向に伸ばしていった。当然、そちら側にも町はある。

住宅も多い。更に線を延ばす。川を越え、山に向かう。山の中に、ポツンと置かれた地図記号を見つけた。

寺を表す記号である。近くにあるのは墓地の記号だ。

山の中に寺があっても不思議ではないが、直線上にあるのが気にかかる。

大竹さんは、自らの物好きな行動に苦笑しながら、その墓地を目指すことにした。

朝早く出発し、まずは麓を目指す。途中、何の変哲もない町並みを幾つか通り抜ける。

もしかしたら、この辺りでも首吊り自殺があったかもしれないが、分かるはずもない。

更に車を走らせ、目指す山が見えてきた。人影は全く見えない。登山口の手前で車を降り、大竹さんは歩きだした。

険しくはないが、荒れた山道である。何十年も人が歩いた様子がない。

十五分ほど進むと、行く手に墓地が見えてきた。

近付いた大竹さんは、荒れ果てた様子に眉を顰《ひそ》めた。墓の数はそれほど多くはない。

どの墓も荒れ果て、長きに渡って訪れた者がないことを現している。

それは先程の山道からも分かることだ。ここは人が来ない場所である。

墓地から少し離れた場所に寺らしき建物があった。

当然、これも廃寺のようだ。外れかけた扉から本堂を覗いた大竹さんは、短い悲鳴を上げてへたり込んだ。

本堂の中で誰かが首を吊っている。逃げ出そうとして気付いた。

吊っているのは人間ではない。仏像だ。仏像の首に縄を掛け、天井から吊してあったのだ。

それも一体だけではない。大小様々な仏像が首を吊られている。

この寺が始まりだ。目的も方法も見当すら付かないが、大竹さんは直感でそう思った。

その通りだとでもいうように、いきなり仏像達がゆらゆらと動き始めたという。

大竹さんは転げ落ちそうになりながら、山道を走って逃げた。

それ以来、大竹さんは余計な推理を慎み、仕事が終われば脇目も振らずに帰るようにしている。

出発地点は分かった。

大竹さんが勤務している寺が中継基地だ。

最終目的地が何処になるのかは分からない。

二人だけとは限らない

今から二十年前、川辺さんは清掃業に従事していた。

ビルやショッピングセンターに赴き、床面のワックスを塗り替えるのが主な仕事である。依頼があれば、一般家庭の掃除も行う。

ごく稀に、孤独死の現場の片付けを頼まれるときもあった。

今でこそ、そういった現場専門の会社が存在するが、当時は世間から認知されておらず、請け負う業者も僅かだったらしい。

皆が嫌がる仕事であるだけに、臨時手当が出る。

借金返済に追われていた川辺さんは、率先して引き受けたそうだ。

川辺さんは残された遺品を整理し、ゴミとして出すのが仕事である。遺体そのものを手掛けることはない。

とはいえ、現場には人の形のシミや腐敗臭が残っており、長く滞在できるような環境ではなかったという。

その日、向かったのは古びたアパートの一室であった。川辺さんをリーダーとして、全員で四人のチームである。

十二部屋のうち十部屋が埋まっているとのことである。

家主が言うには、亡くなったのは独居老人で、次の借り手も同じく独居老人らしい。

家賃が安ければ、前の借主がどうなっていようと構わないそうだ。

現場は二階の角部屋。まだ表札が掛かったままである。

表札と言っても、ボール紙にサインペンで〈吉岡澄夫〉と書いてあるだけだ。

ドアを開けると、次亜塩素酸の臭いが鼻に絡みついてきた。

消毒と消臭の為に、遺体を片付けたときに散布したものである。

おかげで、遺体の腐敗臭は殆ど残っていない。

室内は、ゴミ屋敷とまではいかないが、雑然としている。

川辺さんは先頭に立って作業を始めた。

玄関に近い部屋を任せ、自らは奥の間に向かう。亡くなっていたのは、そちらだと聞いていた。

閉め切ったカーテンを開けようと窓に近付いたとき、川辺さんは部屋の片隅に誰かが座っているのに気付いた。

灰色のスーツを着た七十歳ぐらいの老人である。きちんと正座し、まっすぐに前を見ている。

川辺さんは、亡くなった人の身内だと思ったらしい。

「あの、すみません。私共は清掃業者でして。今からこちらを掃除させてもらうのですが」

老人は返事もせずに前を見続けている。

隣の部屋から部下がやってきた。

「何やってんすか、川辺さん」

「何って、こちらの方に説明をだな」

部下は怪訝な顔で言った。

「気味悪いこと言わないでくださいよ。誰もいないじゃないっすか」

いや、ここにおられるだろうと言いかけて川辺さんは戸惑った。

さっきまで座っていた老人が見当たらない。辺りを見渡したが、姿形もない。

狭い部屋である。身を隠す空間などない。川辺さんは曖昧に言葉を濁し、作業に取り掛かった。

ゴミか遺品かを選別しながら、それぞれにまとめていく。

ふと気付くと、先程の老人が目の前にいた。

どう解釈すれば良いのか迷う川辺さんをじっと見つめている。

「あの……掃除しても」

まだ見ている。

「ええと、弱ったな」

次の瞬間、老人は正座したままの状態で滑るように近付いてきた。

川辺さんの悲鳴に驚いた部下達が顔を覗かせた。全員の視線が川辺さんに集中している。

どうやら見えているのは自分だけだと気付いた川辺さんは、ゴキブリがいたんだと言い訳した。

改めて老人と向き合う。

川辺さんは、小声でお経を唱えてみた。が、反応なし。

次に、自分には何もできないので、どうか諦めて消えてください等と説得してみた。

これも無反応である。

どうすれば良いか悩むうち、川辺さんはふと思いついた。

「吉岡澄夫さん、生前は御苦労さまでした。どうか成仏なさってください」

名前を呼ばれた老人は、心底から嬉しそうに微笑み、一瞬で消えたという。

名前を呼ばれることが、それほど嬉しかったのかと泣きそうになりながら、川辺さんは作業を再開した。

作業は順調に進み、残るは風呂場だけである。

扉を開けた途端、川辺さんは再び悲鳴を上げた。

老女が天井からぶら下がっていたのだ。

何か言いたげに川辺さんを見つめている。

が、残念ながら名前が分からない。

川辺さんは、風呂場の掃除を部下に任せて外に出た。

家主に問い合わせれば先程の老女の名前が分かるとは思うが、面倒だからやらなかった。

鈴なりの木

農業を営む林田さんは、山の仕事もしている。
一つの山を何人かで分け合っており、面積にして五ヘクタールにも及ばない範囲だ。
農閑期には毎日のように山に入り、木々の世話を怠らない。
伐採して金にする訳ではなく、専ら風呂の焚き付け用である。
金にしようにも、残念ながら現在では手間に見合った利益が出ないのだ。
だが、風呂の焚き付けだけとはいえ、結構な節約になる。
自分の身体が動くうちは、小まめに山に入るつもりだという。
今年の春、それが一時的に途絶えた。腰痛で身動きできなくなったのだ。
悪いことは重なるもので、寝込んでいる間に流行性感冒も患ってしまった。
元通り動けるまで一週間を要したそうだ。
どうにか復帰して山に向かった頃には、三月も半ばを過ぎていた。
急がないと今年の薪が作れない。
風呂には簡易シャワーを設置してあり、夏場はそれで乗り切れるが秋冬は無理だ。

切ったばかりの木は多量の水分を保持しており、時間を掛けて乾燥させないと焚き付けには使えない。

要するに毎年欠かさず薪を作り続けなければ、事は死活問題に繫がるのだ。

ふらつく足に喝を入れ、愛用のチェーンソーを携えて通い慣れた山道を登っていく。

木漏れ日を浴びて進むと、鈍っていた身体の隅々にまで山の気が入ってくるようで心地良い。

さて、まずはどれを切るか――。

思案する林田さんの耳に、微かな音が聞こえてきた。

鈴の音のようだ。

猫でもいるのだろうかと辺りを眺め回した林田さんは、もう一つのことに気付いた。

何かの臭いがする。いわゆる腐敗臭に思える。

気にはなるが、とりあえず作業が先だ。林田さんは、とある木に向かった。

通常、木を育てるときは枝打ちというものをする。

大体四メートルぐらいの高さまで丁寧に枝を落としていく。

そうやって間引かなければ、木は大きく育たないのである。

そんな中、一本だけわざと枝を残している木がある。

大した理由ではない。荷物や上着を引っ掛けておく為のものだ。

枝を残しておくと木材にしたときに節が残ってしまい、高い値が付かないのだが、そもそも薪にする木である。節があろうとなかろうと構わない。

あえて残してみると結構便利であった。

例によって、道具入れを引っ掛けようとした林田さんは、口を大きく開けたまま動きを止めた。

ありえないものが、そこにある。

首を吊った女だ。面と向かって顔を見てしまった。

酷い有様である。首から上が充血しているらしく、赤を通り越してどす黒くなっている。目が今にも飛び出しそうだ。

林田さんは一拍遅れて、ようやく悲鳴を上げた。上げると同時にへなへなと座り込む。

死体を下ろしたほうが良いのか、このまま警察に通報すべきか。

迷っていても仕方がない。とにかく一旦、山を降りよう。

そう決めて立ち上がろうとした途端、またしても鈴の音が聞こえてきた。

極めて近くからである。

目の前の首吊り女の左手首、小さな鈴を付けたブレスレットが鳴っている。

風に揺られている訳ではない。女の左手首が小刻みに震えているのだ。
まだ生きて助けを呼んでいる。
林田さんは咄嗟にそう思ったらしい。
嫌々ながら、もう一度顔を見た。が、どう見ても生きている顔ではない。
もしかしたら死後硬直かもしれない。
その結論に達した林田さんの前で、手首が震えチリチリと軽やかに鈴が鳴った。
死後硬直などという生易しいものではない。ハッキリと動いている。
普段なら何でもないような音が、途轍もなく恐ろしくなってくる。
堪らなくなった林田さんは、女に背を向けて一目散に山を下り始めた。
とりあえず警察に通報する。それからのことは専門家に任せればいい。
その二つだけを頭に置き、無我夢中で小走りに進む。
後ろから鈴の音がついてくるのが分かったという。
それもすぐ背後である。
林田さんは涙と悲鳴を堪えながら、転げ落ちるように山道を下っていった。
ようやく自宅が近付いてきた。
洗濯物を干していた妻が、驚いた様子で手をかざして見ている。

山道を下り終えた途端、あれほど鳴っていた鈴の音がピタリと止んだ。
ほっとした林田さんは、その場に座り込んで荒い息を吐いた。
「何してんのよ。どうしたの、こんな時間に」
心配そうに近付いてきた妻を無視して立ち上がり、恐る恐る今来た道を振り返る。
当然のように何もない。
訳が分からないまま、林田さんは妻に首吊りのことを告げ、継いで警察に通報した。
そこから先の数時間は、あっという間に過ぎた。
やはり女は死んでいたらしく、警察は袋に詰めた遺体を車に乗せて引き上げていった。
第一発見者である林田さんは、形式的な質問を受けただけである。
林田さんは気付かなかったが、遺書も残されていたらしい。
警察からは、県外から来た女性ということだけを知らされた。
結局、その日は何もできないまま、夜を迎えた。

過疎化した村の老夫婦の暮らしは、お互いに協力し合わねば何一つ進まない。
風呂を沸かすことすらできないのである。
ある程度沸かした後、一人が風呂に入り、もう一人が湯加減を訊きながら薪を焼べる。

その夜もいつものように薪を焼べていると、山の中から鈴の音が聞こえてきた。

たったそれだけのことなのに、全身が総毛立ったという。

聞き間違いだ、あんな小さな音が聞こえてくる訳がない。

自分に言い聞かせる林田さんを逆撫でするように、風呂の中で妻が呟いた。

「あら、何だろ。何処かで鈴が鳴ってるわね」

「そんなもん聞こえんぞ」

「何怒ってんのよ。変な人」

たかが鈴の音で、つまらない言い争いをしてしまった。

自らを反省した林田さんだが、それはまだ始まりに過ぎなかった。

翌日から四六時中、鈴の音が絶え間なく聞こえてくるようになったのだ。

三日も経たぬうちに林田さんも妻も苛つき、何でもないことが気に障るようになってきた。

喧嘩などしたことがない夫婦だったのに、気が付けば互いを罵り合っている。

これ以上、放置しておく訳にはいかない。

あの日以来、山の手入れも怠っており、来年以降の薪を確保していない。

林田さんは自らを奮い立たせ、重い足取りで山に入った。

とにかくあの木を伐ってしまおうと決めている。

いつもなら一人でやることだが、今回は友人に手伝いを頼んだ。

情けないとは思うものの、とても一人だけでは山に入れなかったのである。

その甲斐あってか、鈴の音は一度も聞こえなかった。

友人は何があったか知っていたらしい。

「これが首吊りの木か」

林田さんの苦りきった顔にも気付かず、無神経なことを呟いている。

いや、実は一人では怖くてな、などと本音が言える訳がない。

「験が悪いんでな、伐ってしまおうと思うんだ」

言い訳めいた言葉を吐きながら早速、チェーンソーを唸らせた。

一瞬、何とも言えない嫌な予感がしたのだが、結局何事もなく作業は終わった。

「薪にして火に焼べてしまえば、供養にもなるんじゃないか」

友人に言われるまでもない。元よりそのつもりである。

水分を多く含んだ生木とはいえ、燃えさかる火に焼《く》べれば確実に燃える。

早速、今晩から焚き付けに使うつもりだ。

林田さんは出来上がった薪を束にくくり、専用の保管場所に積み上げた。

これで終わりだと胸を撫で下ろす。

久しぶりに妻相手に冗談を言う余裕すら生まれていたという。


その夜。

例によって林田さんは風呂の焚き付けを始めた。

妻を先に入れ、湯加減を訊きながら火加減を調節していく。

燃えさかる火の中に、あの木で作った薪を一、二本突っ込んだ。

「もう少し燃やして」

「あいよ」

機嫌良く返事した丁度そのとき、真後ろで鈴の音がした。

その瞬間、林田さんは自らの過ちに気付いた。

あの木を伐るのは間違いであった。家に持ち帰るべきではなかった。

あれは、もうこの家に入り込んでしまったのだ。

それが直感で分かったという。

「ねぇ。鈴が凄く近くで鳴ってる。綺麗な音ね」

「気のせいだ。もう薪は良いだろ。ゆっくり温まってこい」

滅多にないことだが、林田さんは酒に逃げようと思い立った。

居間に戻り、日本酒を呷る。酔いが回り始めた頭の中で鈴が鳴っている。

いつの間にか林田さんは眠り込んでしまった。

目を開けたとき、時計の針は二時を指していた。

何故妻は起こしてくれなかったのか。小腹を立てながら、林田さんは寝室に向かった。

が、布団に妻の姿がない。

急速に不安を募らせながら、林田さんは妻を探し始めた。台所にも便所にもいない。

まさかと思いながら風呂の戸を開ける。

妻は、ぽっかりと口を開け、風呂に浸かっていた。

慌てて浴槽から出そうとして水の冷たさにたじろぐ。

妻の身体に触れた瞬間、もう死んでいるのが分かった。

水と同じぐらい冷たかったのだ。

それでも林田さんは蘇生の可能性を信じ、消防署に電話を掛けた。

覚束《おぼつか》ない手つきで心臓マッサージを試みながら、林田さんは何もない空間に向かって怒鳴った。

先程から鈴の音がまとわりついていたのは分かっていたのだ。

「いい加減にしろ、一体何がしたいんだ」

返事をするかの如く、降るような鈴の音が部屋を満たす。

単なる音なのに、とても嬉しそうな様子に思えたという。

救急隊員が到着しても、鈴の音は止まなかった。

三人の隊員全員に聞こえているらしく、何となく辺りを見渡している。

妻の搬送先が決まり、林田さんも乗せて救急車が走りだした。

最後まで見送るように鈴は鳴っていた。


当然ながら、妻は助からなかった。

死因は脳出血。医師によると、入浴直後に亡くなっていたとのことである。

そんなはずはないと林田さんは声を荒らげた。

少なくとも十分以上、入浴中の妻と会話を交わしている。

それでも医師の結論が覆されることはなかった。

葬祭業者に頼み、妻の遺体を家に連れ帰った。しばらくは何もする気が起こらず、林田さんはただぼんやりと妻の手を握りしめていたという。

その間も当然のように鈴の音がしていたそうだ。


今現在、林田さんは田畑や財産を処分し、町で独り暮らしをしている。

あらかた処分したが大した金額にはならず、食べていくのがやっとである。

自宅は貸家にしたものの、風呂を薪で沸かすような家に借り手など付くはずがない。

それでも三年間で一度だけ問い合わせがあり、実際に中年夫婦が一週間だけ暮らしたことがあるそうだ。

何かがいるのは確かである。本来なら断るべきだ。だが、林田さんは契約を結んだ。

提示された金額が魅力的だったからというのが理由だ。

そこまで追い詰められるほど、生活が困窮していたのである。

何か起こるかもしれないが、自分の暮らしの為には仕方ないではないか。

赤の他人がどうなろうと知ったことではない。こんな田舎に憧れるほうが悪いんだ。

林田さんは、自分自身にそう言い聞かせた。

中年夫婦は田舎暮らしが楽しみでならないらしく、溢れるような笑顔で引っ越してきた。

けれども結局、契約はキャンセルされてしまった。

引っ越した当夜、奥さんが入浴中に急死したからである。

最近、林田さんは自らの体力の衰えを感じてきた。
足腰が立たなくなる前にやっておきたいことが二つあるそうだ。
一つは、妻と自分の墓の永代供養の算段を付けること。
もう一つは、あの家を燃やしてしまうこと。
犯罪になるのは分かっている。燃やしたところで、退治できるとも思えない。
正義感とか使命感でもない。復讐などという重たいものとも違う。
ただ単に気晴らしの為だという。

36

減量中止

昨年の秋のこと。

山崎さんは減量の為にウォーキングを始めた。

当時の体重は百十キロ。このままでは心臓を始めとして、身体への負担が大き過ぎると忠告されたのである。

山崎さんは四十歳になったばかりであり、やりたいことは沢山あった。

長い独身生活にピリオドを打ちたい。その為にも痩せねばならない。

心機一転し、まずは近所の散策から開始。距離にはこだわらず、時間を掛けて歩くことに集中する。

頑張った甲斐があり、徐々に体重は減り始め、何とか九十キロ台まで持ってこられた。

始めて二カ月目。朝から快晴の日曜日である。

山崎さんは距離を延ばそうと試み、今までとは違う道を選んだ。

早朝の川沿いを上流に向かう。菜の花畑を楽しみ、犬を散歩させている人に会釈し、山崎さんはのんびりと歩を進めた。

前方に見えてきた林で休憩してから折り返そうと決め、少し速度を増して歩く。

思ったより大きな林である。小鳥のさえずりに誘われ、山崎さんは足を踏み入れた。

森林浴を堪能しつつ、休憩場所を探す。辺りを見渡すと二十メートルほど右に大木があった。

その側に、人が立っている。丸刈りの男性だ。山崎さんに気付いたらしく、じっと見返してくる。

軽く会釈したのだが、男性は無表情のままだ。何となく薄気味悪くなり、山崎さんは引き返そうとした。

その途端、男性は山崎さんを手招いた。無言のまま、止むことなく手招く。

無視しても良かったのだが、何故か逆らえず、ふらふらと近付いていった。

あと五、六メートルのところで、男性が大木の裏に回り込んだ。

その動きにつられ、山崎さんも後を追う。

すぐ目の前に男性がいた。太い枝にロープを掛け、首を吊っていた。

丸刈りの頭も顔つきも、間違いなく先程の男性であった。

山崎さんは、しばらく何もできなかった。男性から体液らしきものが滴り落ちてきて、我に返ったという。

その後、到着した警察に事情を訊かれ、山崎さんは散歩中に見つけたとだけ答えた。手招きされて見つけたのだとは、口が裂けても言えなかった。

枝から下ろして地面に置いた途端、凄まじい臭いが漂う。男性は、かなり腐敗が進んでいた。

ようやく解放され、自宅に戻ったときには既に午後になっていた。

起床時に水を飲んだだけだ。何か食べなければと思い、コンビニで焼肉丼を買ってきた。

電子レンジで温め、食べ始めた瞬間、背後に何かの気配を感じた。

振り向くとそこには先程の丸刈りの男性が立っていた。

感情のない顔で、何をするでもなく突っ立っている。驚いて椅子から転げ落ちた山崎さんを見下ろしていた男は、無表情のまま薄れて消えた。

消えた後、酷い臭いが部屋に残った。そのせいで一気に食欲が失せたが、残すのは負けのような気がして、山崎さんは無理矢理食べ切った。

後片付けし、茶を一杯飲み、山崎さんは手近にあったビニールの紐を持ってベランダに出た。

紐で輪を作り、物干し竿に引っ掛け、首を吊った。

幸い、紐が千切れて我に返ったという。体重が九十キロなければ、そのまま死んでいたかもしれない。

その後も男性は現れた。自宅で一人過ごしているときを狙いすまして現れる。

毎回、気が付くと首を吊ろうとしてしまう。その為、事前にビニール紐で輪を作って物干し竿に掛けてあるそうだ。

その輪は切れ目を入れてあり、すぐに切れるようになっているという。

折角続けていた減量も止めた。体重が軽いと、紐が切れないかもしれないからだ。

虚ろの城

園田さんには自分の店を持ちたいという夢があった。

何年か前に出会った手打ちうどんに驚き、その店の主が脱サラ組だと知ったときに抱いた夢である。

各地を食べ歩き、教室で学び、資金を貯め、着々と夢の実現を目指してきたという。

居抜きの物件を見つけたのは、去年の春先のこと。

新築の六階建てビルだ。店舗は一階のみ、二階から上は賃貸のマンションになっていた。

売りに出されていたのは、三軒並んだ真ん中の物件である。

左右はパン屋と書店。

以前の店は大衆食堂とのことで、調理場の心配はない。

店主の都合で、僅か二週間弱で退店したらしい。

ある程度の内装を整えれば、すぐにでも開店できそうだ。

立地条件も良く、自宅から通うのにも便利だ。

これを逃したら、夢は夢のままで終わるかもしれない。

妻もやる気満々である。

園田さんは勢い込んで決断した。


それから三週間後、園田さんは自分の店の前で看板を見上げ、しみじみと喜びを噛みしめていた。

いよいよである。

今のところ品揃えは少ないが、味には自信がある。

最初の三日間を乗り越えたら、目標を三週間、三カ月と延ばしていく。

園田さんは己に喝を入れ、開店の準備を始めた。

幸いにも、出足は順調であった。来店客は皆、味に満足してくれたようで食べ残しもない。

何人かは、再来店を約束してくれた。

パン屋と書店の店主からも祝ってもらい、順風満帆の出足となった。


翳り始めたのは、二週間後のことだった。

思ったよりも客足が伸びない。店舗の運営に支障が出る程ではないが、余裕のない状態だ。

パン屋も書店も似たような状況だという。

園田さんは、原因と対策を話し合う場を設けた。

パン屋は、客足の悪さも気になるが、自身や店員の体調不良が気になるという。

書店も、我が意を得たりとばかりに不調を訴える。

店にいるときだけ調子が悪くなるのは、健康を害するような建材が使われているからではないか。

もしかしたら、客足が伸びない間接的な原因かもと付け加えた。

言われてみると、園田さんにも心当たりがある。

「実は、前あった大衆食堂も」

と、パン屋が言い出した。

家族経営の店だったが、店主を始め全員の調子が悪くなり、そのせいで店を畳まざるを得なくなったのだ。

三人は黙ったまま、互いの顔を見合わせた。

とにかく一度、不動産屋と話し合おうと決まった。

翌日。

夜遅くに不動産屋はやってきた。

場所は園田さんの店である。

事前に用件は伝えていた為、不動産屋は早速、テーブルに図面や仕様書を広げた。

事細かく説明した上で、不動産屋はマンション自体の不備を否定した。

土地自体にも汚染物質などはない。

マンションに用地を売却した地主が長年暮らしていたが、全員元気そのものだった。

九十歳のお爺さんの大往生を待ってから、土地を手放したぐらいだ。

ならば、複数の人間が体調不良になったのは何故かと問われた不動産屋は、渋面を浮かべて「今のところ、私共には分からないんです」と頭を下げた。

到底、納得できる内容ではないが、現時点でこれ以上の進展はなさそうである。

とりあえず、念入りな調査の実施を約束させ、会合は終わった。

それから数日後、園田さんの店にパン屋が訪れた。

暗い顔つきで、店を畳むと言い出した。

経営的にはまだ踏ん張れるのだが、これ以上ここにいては駄目な気がしてならないのだという。

四六時中、そんな不安感に包まれているせいか、仕事に集中できない。

自分だけではなく、妻やアルバイトの店員も同じである。

妻などは、早く出ていけという声を聞いたらしい。

とにかくこのマンションから逃げ出さないと大変なことになる。

どうかしてる訳でもないし、頭がおかしくなった訳でもない。

パン屋は、ひたすら詫びを繰り返しながら出ていった。

追いかけた園田さんの目前に引っ越し業者のトラックが止まった。

マンションの住人が出ていくようだ。

ふと気になった園田さんは、マンションの郵便受けを確かめに行った。

驚いたことに、半分以上が空き部屋になっている。

園田さんは、今から引っ越そうとしている男性を待ち構え、近付いた。

今、このマンションの問題について調べていると説明し、お身内で体調不良を訴えている人はいないかどうか訊ねる。

男性は焦燥を露わにした様子で、こう答えた。

「とにかくここから出ていかないと駄目なんです。ここにいてはいけないって気になって仕方ない」

翌日も、翌々日も引っ越し業者のトラックがやってきた。

その都度、園田さんは同じように質問を繰り返した。

ここにいてはいけない。

ここから出ていかないと大変なことになる。

判で押したような言葉が返ってくる。

何人かは、パン屋の妻と同じように、早く出ていけという声を聞いていた。

日が経つにつれ、園田さんにも同じ感情が芽生えてきた。

負ける訳にはいかないという気持ちが、辛うじて勝っていたという。

妻も普段と変わらない笑顔で頑張っている。

園田さんは、得体の知れない不安感と闘いながら、懸命に店を続けた。


パン屋が閉店した十日後、書店が後に続いた。

園田さんは、理由を訊ねる気にもならなかった。

空き店舗に左右を挟まれたせいか、客足は更に落ちた。

マンションの住人も、残り数戸である。

それでもまだ、園田さんは頑張ろうとしていた。だが、その気持ちを破壊する出来事が起きた。

妻の自殺である。

いつものように開店前の掃除をしていた妻は、雑巾を持ったまま外に出ていき、マンションから飛び降りたのである。

妻が地面に激突した音は、園田さんの心が折れた音でもあった。


それから一年後、園田さんは警備員として働いていた。

工事現場の誘導をしているとき、あのマンションが取り壊されるという噂を聞いた。

既に解体が始まっているという。

自分の夢だった場所が更地になる前に見ておきたくなった園田さんは、わざわざ休暇を取って朝から出かけていった。

怖いのは勿論だ。無惨な姿になった妻を思い出したくない気持ちもある。

それでも園田さんは、行きたかったそうだ。

一年ぶりのマンションは殆どなくなっていた。

工事用の塀に囲まれ、中は覗けそうにない。作業用の出入り口にいた工事関係者に、以前ここで店をやっていた者だと告げ、見学させてほしいと頼み込んだ。

願いはあっさりと叶えられ、園田さんは現場の片隅で作業を見守り始めた。

今は、マンションのエントランス部を破壊しているようだ。

皮肉にも、定礎のプレートが残っている。

側に私服の男性が立っており、作業員に話しかけている。

内容から察するに、どうやらこのマンションのオーナーらしい。

作業員が丁寧に定礎のプレートを外すと、中には金属の箱が入っていた。

園田さんは定礎箱のことは知っていたという。

あの中には設計図や関係者の名簿が入っているはずだ。

興味を覚えた園田さんは、私服の男性に話しかけ、中を見せてほしいと頼んだ。

昔、ここでうどん屋をやっていたと言うと、男性は喜んで了承してくれた。

男性はステンレス製の蓋を開け、一つずつ取り出しながら説明を始めた。

「大したものは入ってないんだけどね。ええと、これが設計図かな。こっちがその日の新聞、それと……ああこれこれ、これは大切なものなんだ」

そう言って男性は小さな袋を取り出した。

「うちの祖父さんの遺骨。死んだらここに埋めてくれって頼まれてね、新聞に隠してこっそり入れといたんだ」

園田さんは、相手が何を言ってるのかすぐには理解できなかったそうだ。

ぽかんと口を開けたまま、男性が持っている遺骨を見つめる。

遺骨。
遺骨を埋めた上に建つ物って、それは墓じゃないのか。
俺達は、墓で暮らしていたのか。
気が付いたときには、園田さんは男性に跨って殴り付けていたらしい。
止めようとする作業員を振り解き、工事現場を逃げ出す。
走りながら声を上げて泣いていたという。

今、マンションがあった場所には大型スーパーが建っている。
大盛況の毎日である。

この子をよろしく

馬場君は猫をこよなく愛する男である。

野良猫を見かけると、必ず近寄って挨拶し、猫を飼っている友人宅に遊びに行くと、まずはひとしきり猫と遊ぶ。

残念なことに、ペットの飼育が禁じられているアパートの為、自らは飼っていない。

ある日のこと、帰宅する馬場君の足元に一匹の野良猫がすり寄ってきた。

大変に人懐こい。まだ一歳にも満たないように思われる。灰色のマーブル柄で、アメリカンショートヘアーに間違いない。

撫でさせてくれる猫は良い猫である。その意味でいくと、今まで出会った中で最良の猫であった。

運命の出会いだ。馬場君は見事に恋に落ちた。この猫に出会う為に、俺は今まで生きてきたとまで思い込んだ。

そして馬場君は、かつてない程の積極性を見せた。

まずは猫に名前を付ける。銀次郎。子供の頃に飼っていた猫と同じ名前だ。

次いでペットショップに向かい、キャリーバッグとキャットフードを購入。

銀次郎は暴れることもなく、バッグの中で大人しく餌を食べている。

その足で向かったのは、何と不動産屋であった。馬場君は、ペット飼育可能の部屋に引っ越そうと決めたのである。

幸い、僅かではあるが貯えはある。とはいえ、安月給の身の上だ。家賃に掛けられる上限も決まっている。

祈る想いで出向いた馬場君を応援するように、バッグの中で銀次郎がミィと鳴く。

あった。築五年の2ＬＤＫロフト付きで五万。しかも駅から歩いて五分、信じられない五並びである。

即決、といきたいところだが馬場君は迷った。

美味し過ぎる。絶対に怪しい。

迷いに迷う馬場君の背中を押したのは、またしても猫であった。

店内に猫がいたのだ。どうやら店が飼っているらしく、ソファーの上で首を傾げて馬場君を見ている。奇しくも銀次郎に似た、灰色の大きな猫であった。

その猫がヒゲを整え始めた。それがまるで招いているように見える。

馬場君はふらふらと店内に入り、交渉を始めた。

「あの部屋ですか。はい、以前の住人が自殺しましてね」

何とも正直な店である。商売っ気がまるでないが、それだけに信用が置けた。

自殺か。迷う馬場君の足元で何かが動いた。

いつの間にか、先程の大きな猫がバッグの近くに来ていた。

銀次郎をあやすように鳴き、銀次郎も嬉しそうに応えている。

決めた。いるかどうか分からないものより、今現実に生きている銀次郎を守りたい。

馬場君は、自分でも驚くほどてきぱきと用事を片付け、二日後には引っ越しを済ませた。

借りた部屋は五階である。南向きの窓から差し込む陽光が暖める部屋でのんびりとくつろぐ銀次郎を見ていると、引っ越して良かったと心底から思えた。


が、その喜びは深夜一時に儚《はかな》くも崩れた。

それまで馬場君の脇の下で眠っていた銀次郎が、突如飛び起きて唸り始めたのだ。

ロフトを見上げ、小さな身体を精一杯膨らませて威嚇《いかく》している。

視線を辿り、同じ方向を見上げた馬場君は目を瞠《みは》って固まった。

差し込む月明かりの中、ぼんやりと人影が浮かんでいる。

いや、浮かんでいるのではない。

吊られているのだ。そんなはずがないのに、細かい表情まで分かった。

若い女だ。限界まで開かれ、今にも飛び出しそうな目、苦しげに開かれた口からは、膨れ上がった舌が垂れ下がる。

ああ、やっぱりこういうのが出る部屋なんだ。どうすればいい。自分はともかく銀次郎を守らねば。

焦る気持ちと裏腹に、具体的な解決策が浮かばない。ただ震えるだけの馬場君を嘲笑うかのように、女がゆらゆらと動いて消えた。

次の瞬間、女は馬場君の足元に現れた。低くかすれた呻き声が聞こえてきた。

さっきまで唸っていた銀次郎は、馬場君にしがみつくようにして震えている。

とにかく逃げよう。と決心したものの、悲しいまでに身体が動かない。

このまま朝まで女と睨み合わなければならないのか。

そう覚悟を決めたとき、猫が鳴いた。

まるで遠吠えのように長く、高く、部屋中に声が満ちた。

鳴き声の主は、銀次郎ではなく、不動産屋にいた灰色の猫であった。

すっ、と女の前に歩み寄ると、もう一度大きな声で鳴いた。その声に気圧されるように女の姿がぼやけ始めていく。全て消え去るのに、五分も掛からなかったという。

銀次郎は灰色の猫にすり寄ると、ひとしきり甘えて眠りに就いた。

張りつめていた気が緩み、馬場君もいつしか眠っていた。

目覚めると、灰色の猫は何処にもいなかった。

出入りできる隙間などない部屋である。


馬場君は、とりあえず不動産屋に向かった。

その姿を見た途端、不動産屋は諦め顔で言った。

「出ちゃいましたか」

「ええ。凄いのが」

やれやれ、と呟きながら不動産屋は契約書を探し始めた。やっぱり駄目だったか、などとぼやいている。

「契約解除となりますと、ちとややこしいんでね、新しい部屋を紹介という」

「いや、あのままでいいんです。今日来たのは違う用事で」

予想と異なる返事に、不動産屋は一言も発せずに見つめるだけだ。

「ここに灰色の大きな猫がいたでしょ？　お礼を言いたいのですが」

「猫？」

そんなものはいないという。

「客商売ですし。猫嫌いな方も来られますからね」

言われてみれば当然だ。ならばあの猫は一体——。

答えは出ていないが、恐らくは銀次郎の親なんだろうと馬場君は信じている。

そばにいるよ

浅野さんの家族は揃って犬好きである。

浅野さん自身は勿論、奥さんの江梨子さんも人生を犬とともに生きてきたという。

いずれも血統書付きの立派な犬ではなく、何らかの事情で保護された犬を引き取っていた。

殆どが、身体のみならず心にも傷を負っている犬である。

だが、その傷を塞ぐ家族の優しさが浅野家には豊富にあった。


北斗と名付けられた大型犬も劣悪な環境で育った雑種であった。

以前の飼い主が執拗に虐めていた為、一片も人を信用していなかった。

傷が元で右目が潰れ、右後足も足首から先が腐って落ちている。

浅野家にやってきたときは、恐らく二度と人に慣れないだろうとさえ言われていた。

その言葉通り、北斗は勝手口に設えた隠れ家のような場所から片時も出てくることはなかった。

うなり声を上げず、ひたすら震えていることが受けた傷の深さを物語っていた。

氷の塊を体温だけで溶かすように長い時間を掛け、北斗は少しずつ浅野家の一員になっていったのである。

中でも一番の仲良しは娘の友美ちゃんであった。

最初はおずおずと、終いにはまるで守護神のように北斗は友美ちゃんから離れようとしなかったという。

事実、北斗には他の犬と違う能力があった。

危険な場所や人物を察知し、友美ちゃんを守るのである。

具体的に見た目が危険というだけではない。北斗は何でもないような場所でさえ、威嚇するように唸ることがあった。

何が見えているのか興味を覚えた浅野さんは、常にデジタルカメラを持ち歩くようにした。

それが役に立ったのは、家族で海に出かけたときのことだ。

十月半ばの日曜日、浜辺には浅野さん一家だけだ。

高く澄み切った秋の空が水平線で海と混じり合っている。

誰もいない砂浜で友美ちゃんは、本人曰く夢の城を作り始めた。

そのときである。傍らで潮の匂いを嗅いでいた北斗が、波打ち際を睨みながら唸りだした。

待ってましたとばかりにシャッターを押す。念の為、連続で撮れるように設定してあった。

撮れたばかりの画面を確認し始めた浅野さんは小さな悲鳴を上げ、カメラを放り出して友美ちゃんの元へ走った。

呆気に取られていた江梨子さんも画面を見て悲鳴を上げた。

人の目には見えないものがすぐ側にいる。

今正に身を起こそうとしている瞬間が連続撮影されていた。

何も着ていない男だ。頭には毛髪がなく、歯を剥き出して笑っている。

波打ち際まで泳いできたらしく、水滴が滴っている。

男は、何とも言えない嫌らしい目で友美ちゃんを見つめていた。

父親の剣幕に驚いた友美ちゃんが大声で泣きだしたが、浅野さんは構わずに抱き上げて走り出した。

振り返ると北斗が低く構え、いつでも闘える体勢に入っている。

身体を張って守り抜く姿だ。

江梨子さんに荷物をまとめさせ、浅野さんは友美ちゃんを抱いたまま駐車場に急いだ。

車に乗り込み、浅野さんは大声で北斗を呼んだ。

右の後足が欠けている為、北斗は走るのが遅い。それでも懸命にこっちに向かっている。

浅野さんは、ルームミラーに引っ掛けてあった交通安全のお守りを外し、北斗を迎えに出た。

交通安全のお守りなど失笑ものだが、そのときは必死だったらしい。

勿論、男の姿は見えない。それでも構わず、お守りを掲げ、南無妙法蓮華経と絶叫して進む。

北斗が車に飛び乗るのを確認した浅野さんは、転げそうになりながら自らも北斗に続いた。

車が街中に入り、しばらく唸り続けていた北斗はようやく落ち着いた。

道路脇に車を停め、浅野さんは感謝を込めて北斗の頭を撫でたという。

それからも北斗は見えない何かから家族を護り続けた。

時には酷い傷を負うこともあり、浅野さんは何度となく止めさせようとしたのだが、北斗は自らを投げ出すことで恩を返しているようであった。

こうして北斗は八年に亘り家族を護り続け、先月末、眠るように息を引き取った。

我が家に犬がいなかったことはないという浅野家であったが、今のところまだ北斗の代わりを探そうとはしていない。

それほど掛け替えのない存在だったというのもあるが、今でも北斗が友美ちゃんを守っているというのだ。

北斗が亡くなってから数日後、友美ちゃんは中学の入学式を迎えた。

桜の下で撮影した画像を確認し始めた浅野さんは、思わず声を上げた。

友美ちゃんの足元に寄り添う影がある。

黒い影だが、北斗にしか思えない。

画像を見た江梨子さんも友美ちゃんも涙をこぼしている。

おまえは死んでからも俺達を守ってくれるのか。

そう言って、浅野さんは人前も憚らずに泣いたという。


つい先日のこと。

浅野家はピクニックに出かけた。

広い芝生には、他にも数組の家族連れがいる。

その中に五歳ぐらいの女の子がいた。女の子は、不思議そうに友美ちゃんを見つめている。

もしかしたら見えているのかなと思った浅野さんは、女の子に話しかけた。

「こんにちは。ねぇ、もしかしたら何か見えてるのかなぁ」

女の子は、こくりと頷いて答えた。

「あのね、へんなのがいる」

そう言って、四つん這いになる。

ああやっぱり。浅野さんは胸が熱くなるのを感じたという。

「大丈夫、君に見えてるのは、おじさんちで飼ってたワンちゃんだから」

そう教えたのだが、頬を膨らませて不満そうだ。

「ワンちゃんじゃないよ。はだかのおじさんが、こうやってわらってるの」

女の子は歯を剥き出して笑った。

甘納豆

高杉さんはその朝、いつものように家を出た。
駅に向かう道を歩きながらイヤホンを取り出し、耳に詰め込む。
お気に入りの曲を聴くことで、やる気も元気もあるのだと自分に思い込ませる。
そうでもしないと、足が前に進まない。
また今日も上司に責められ、同僚に馬鹿にされ、真夜中近くまで働かねばならない。
辛い。しんどい。
その二つの言葉を飲み込む毎日が続いていたという。
その朝から、新たな言葉が一つ加わっていた。
死にたい。
いやいや、何を考えているんだ俺は。死んで堪るか。死んでも会社は何とも思わない。
あいつらは舌打ちすらしないだろう。そんな奴らのせいで死ぬなんて悔し過ぎる。
でも死んだら会社に行かなくて済むんだよな。

高杉さんはそれ以上歩けなくなった。

泣きそうな顔で辺りを見回すと、誰もいない公園が見えた。

とりあえずあの公園で休もう。少し疲れてるだけなんだ。休めば何とかなる。

覚束ない足取りで公園に入った。

大きな木の下にあるベンチに腰を下ろし、溜め息を一つ吐いた途端、立てなくなっている自分に気付いたという。

会社に連絡しなければ。体調不良ということにして。いや、叔母が倒れたというのはどうだ。

迷っている間に、連絡する最良のタイミングを逃してしまった。

時間が経てば経つほど、どうしようもなくなっていく。

今、自分がここに座っていることが信じられないが、こうなることが分かっていた気もする。

いよいよ行き詰まったとき、隣に誰かが座った。

見ると、黒いスーツの男だ。年齢が分からない。若くも年寄りにも見えたという。

他にも空いているベンチは沢山あるのに、わざわざ隣に座る行為が薄気味悪い。

腰を浮かしかけた高杉さんに向かい、その男は優しげに微笑んで口を開いた。

微笑みと同じく優しげな声だ。

「大丈夫ですか。酷く辛そうですが」

答えようがない。辛いのは確かだが、見知らぬ相手に言うことでもない。

高杉さんの沈黙を答えと取ったのか、男は言葉を続けた。

「まさか、死にたいとか思ってませんか」

高杉さんは慌てて首を横に振った。

死という言葉を突き付けられて、自分が本気で死のうとしていることに初めて気付いたのである。

男は高杉さんの様子をじっと見つめながら、ゆっくりと言った。

「楽になりますよ。死ぬと。そんなに痛くも怖くもない、一瞬で死ぬ方法もあるし」

驚く高杉さんを見つめ返し、男は更に甘美な言葉で包み込んでくる。

聞いているうちに、高杉さんは気持ちが楽になってきたそうだ。

そうか。死んでもいいんだよな。会社の連中がどう思おうと知ったこっちゃない。

行かなくて済むんだ、死んだら。

行かなくて済む。

行かなくてもいいんだ。

「死のうかな」
そう口に出した瞬間、高杉さんは背中を思い切り叩かれた。
息が止まるぐらい強くである。
振り向くとそこには老婆がいた。小さな身体の割りに、物凄い圧力がある。
皺だらけの顔をずいっと高杉さんに近付け、老婆は低い声で言った。
「しっかりせんか。あんた、そいつにとり殺されるぞ」
思わず隣を見ると、男は微笑みながら一瞬にして消えた。
唖然とする高杉さんの肩に手を掛け、老婆は何やら呟きだした。
お経のように聞こえる。節目毎に肩を強く叩かれる。
その度、頭に掛かっていた靄が晴れていく。
お経が全て終わるとき、高杉さんは心が澄み切っていることに気付いた。
地面に膝をつき、老婆の手を握りしめながら、声を上げて泣いたという。

老婆が言うには、この公園に入るまでに取り憑かれていたらしい。
恐らくは、何日も掛けて心に入り込んでいたのだろうと。
高杉さんは男の正体を訊ねた。

「ああいうのはそこら中にいる。取り憑きやすい相手を探してうろついてる。あれは結構、強いほう。もう少しで死神になるのかもしれない。あたし一人じゃどうにもならんかったろうね」

「一人じゃどうにもって、他に誰かいるんですか」

辺りを見回す高杉さんに向かい、老婆は優しく言った。

「あんた、早くにお父さんを亡くしてるだろ。あんたの後ろで心配そうに見てるよ。白いシャツ着て、頭にタオルを巻いてるね。工事現場の人かな」

その通りである。高杉さんの父親は、工事現場の事故で死んでいた。

高杉さんは写真でしか見たことがない。その写真の父親は、老婆が言った通りの姿であった。

流し切ったはずの涙が、また溢れてきた。

「お父さん、頑張るなって言ってたよ。頑張らんでもいい。とりあえず生きててくれりゃいいってさ。あたしは今ぐらいの時間、この公園にいるから。また変になったらおいで」

高杉さんは老婆と別れたその足で、会社に向かった。

上司の顔をまっすぐ見つめ、辞表を出してきたという。

それからすぐに職が見つかった。前職よりも安い月給だが、何とも居心地の良い職場である。

高杉さんは忙しい中にも充実した日々を送っていた。

新しい生活に落ち着いた頃、あの公園に向かった。

老婆にお礼を言いたいと思ったのである。

手には土産を下げている。高級な甘納豆の詰め合わせにした。

老婆はベンチに座っていたのだが、高杉さんは公園の入り口で足を止めた。

ベンチに座っているのは老婆だけではなかった。

あの黒ずくめの男が隣に座っている。男は例の微笑みを浮かべ、老婆に話しかけている。

老婆もそれに笑顔を返している。

助けなければ。近付こうとしたが、足が竦む。

己の恐怖心と闘う高杉さんの横をすり抜け、一人のサラリーマンが公園に入っていった。

サラリーマンはブランコに腰を下ろし、じっと前を見つめている。

黒ずくめの男と老婆は、仲良くふわりと浮かび上がり、するするとサラリーマンに近付いていった。

高杉さんは後ろも見ずに必死で逃げたという。

サラリーマンのことが気になるが、あんな強力なペアに勝てる訳がない。
老婆に何があったか分からないが、今更どうしようもないことである。
手土産にするつもりだった甘納豆は、大変美味しかったそうだ。

オリンピックの年に

五十歳を過ぎた辺りから、松坂氏は視力の衰えを感じていた。

特に小さな文字が見えにくい。

眼科に行くまでもない。老眼であるのは確かだ。

松坂氏は潔く認め、眼鏡を誂《あつら》えた。普段はなくても何とか生活できる為、うっかり持ち歩くのを忘れてしまうことが多い。

その日、電車の中で新聞を読もうとして、例によって眼鏡を忘れたことに気付いた。

顔から遠ざければ読めるのだが、かなり滑稽な状態になってしまう。

それでも折角だから、大きな文字だけでも拾っていこうと思い立った。

新聞を広げた松坂氏は、大いに戸惑った。

何故か分からないが、所々読めてしまうのだ。

それも、見出しなどの大きな文字ではなく、記事本文中の小さな文字である。

読めるというか、文字が浮かび上がって近付いてきたという。

幾つかの数字、胃、癌という言葉が目に飛び込んできた。

最後に平仮名が三つ。

み

し

よ

それだけの文字が読めた。

二週間後、胃癌で入院していた姉が亡くなった。

姉の名前は、良美。

その瞬間、松坂氏の脳裏にあの日の新聞が蘇ったという。

平仮名が表したのは良美という名前。胃と癌。数字は亡くなった日付。

姉が末期の癌であることは知っており、長くはないのも分かっていた。

自分の潜在意識が働き、新聞から文字を拾ったのだろうと、松坂氏は分析した。

そのような出来事が、何度か起こった。

いずれも、姉のときと似たような要素を含んでいた。

予言とか予知などではなく、統計だと松坂氏は言う。

つい先日、松坂氏から連絡が入った。
久しぶりに文字が浮いてきたのだが、今までのものとは様子が少し違うそうだ。
幾つかの数字と、【大量】【死】という言葉だけだったという。

由紀恵さんと象

今年の春のことである。由紀恵さんは、部屋の大掃除に汗を流していた。

長年住み慣れたこの家とも、六月でお別れだ。それからは、新婚夫婦として他の町で暮らし始めることになる。

押し入れの中は、教科書や使わなくなった鞄などが山積みになっていた。

家事を終えて手伝い始めた母親は、懐かしいものが出てくる度に手を休めてしまい、作業が進まない。

こんなときもあったわねぇ、そうそうこれは嬉しかったなぁ、などと感慨に耽ってしまうのだ。

由紀恵さんは、母親の好きなようにさせておいた。こんな時間を過ごせるのも、あと僅かである。

「ああ、これは」

母親が眉を顰め、驚きの声を上げた。手にしたのはお絵描き帳だ。保育園のシールが貼ってある。

表紙をめくると、何とも幼い絵が現れた。描かれているのは、象らしき動物だ。

途中で塗るのに飽きたのか、頭だけを黒く塗っている。

動物園にしては背景が変だ。家や花が描かれている。子供の絵だから、好きなものばかりを集めたのかもしれない。

そう判断し、二枚目の絵を見た。

そこにも象が描いてある。同じ象だ。頭だけが黒い。先程よりも丁寧に描いてある。象は、後ろ脚を折って座ろうとしている。

相変わらず背景は家と花だが、自動車が追加されていた。

その自動車に見覚えがあった。白い軽トラックで、ドアにリンゴの絵が描いてある。それは、由紀恵さんの祖父が農作業に使っていた車であった。

だとすると、これは自分の家か。じゃあ、この象は何だろう。

記憶を探っても、何も浮かんでこない。というか、そもそもこんな絵を描いたことすら覚えていないのだ。

母親がいうには、一時期これればかり描いていたらしい。

誰が何と言おうと、由紀恵さんは他のものを描こうとはしなかった。

お絵描き帳丸々二冊分が象の絵で埋まったという。

「それにしても変な象ねぇ」

母親は、しみじみと眺めている。

「変な象で悪かったわね。ほら、手が休んでる。まだまだ沢山あるんだから」

母親は、後でゆっくり見るつもりなのか、お絵描き帳を脇に除けた。


新婚生活が始まって三日目のこと。

由紀恵さんは引っ越しの荷物を整理していた。未開封の段ボール箱は、まだ幾つも残っている。

手近にあった箱を開け、由紀恵さんは微笑んだ。あのお絵描き帳が入っていたのだ。

母親の悪ふざけに違いない。くすくす笑っていると、風呂掃除を終えた夫が顔を覗かせた。

子供の頃に描いた象の絵が入っていたと聞き、夫は興味を覚えたようだ。

お絵描き帳を受け取り、まじまじと見つめていた夫は、妙な声を上げた。

「これ、象なんかじゃない」

頭を下げた四つん這いの女に見えるという。

長い鼻ではなく、だらりと垂れた黒髪ではないのか。それに、象ならば大きな耳も描くのでは。

稚拙な絵だから分かりにくいが、言われてみれば確かにそうだ。

だとしても疑問は残る。何故、家の前にいるのか。そもそも一体これは何なのか。

由紀恵さんと夫は黙り込んで絵を見つめた。

結局、何も分からないまま月日は流れた。


それから数カ月後。

由紀恵さんは第一子を身籠もった。出産は実家近くの産院に決めてある。

その日は朝から爽やかな晴天であった。由紀恵さんは運動がてら、家の前の掃除を始めた。

親子連れが通りかかったのだが、子供のほうが足を止めた。子供は母親の手を引っ張り、不思議そうに言った。

「おかあさん。あれ何？」

何のことかと母親に訊かれた子供は、由紀恵さんを指差した。

「四つん這いの女の人が、あの人の周りをぐるぐる回ってるの」

由紀恵さんは、思わず足元を見た。何もない。

「何馬鹿なこと言ってるの」

母親に手を引かれ、その子は歩いていった。

由紀恵さんは身動きもできず、しばらく立ち竦んでいたという。

足元を見ながらそろそろと歩きだす。家の中に入っても、先程の子供の言葉が頭の中から消えない。

一体何なんだろう。私が子供の頃からずっとこの家にいるのか。

気分が悪くなり、横になろうとして気付いた。このまま横になったら、身体の周りを回られる。

由紀恵さんは、横にもなれず座ってもいられず、かと言って立っているのも辛く、どうしようもなくなってしまった。

買い物から帰ってきた母親が、その様子を見て何をしているのか訊いてきた。

事情を話し、母親と話し合った結果、二人で近くの神社に向かった。

お祓いをしてもらうぐらいしか思いつかなかったのだ。

神主は真剣な顔で話を聞き終えると、念入りに祈祷してくれた。効果があったかどうかは分からないが、とにかくこれで気持ちの拠り所はできた訳だ。

元々、子供に指摘されるまで気付かなかったことである。

今まで何も起こっていないのだから、実害もないのだ。そう自分に言い聞かせるしかなかった。

事実、それから後は何事も起こらず、由紀恵さんは無事に女の子を出産した。

しばらくは実家で過ごすつもりであったが、由紀恵さんは予定を早めて夫の元へ戻ることにした。

見送る母に別れを告げ、由紀恵さんは夫の車に乗り込んだ。何となく母の足元を見てしまう。

勿論、由紀恵さんには何も見えない。

しばらく進んでから、夫はこんなことを言った。

「あれ、立ち上がると案外大きいんだな」

上、上！

村松さんが娘の佐緒里ちゃんを乗せ、サイクリングに出かけたときのことである。

五歳になったばかりの佐緒里ちゃんは、事ある毎に自転車に乗りたがった。

新しく買い求めた自転車は、後部の子供用座席に丈夫な背もたれが付いていた。

それを佐緒里ちゃんは気に入ったのである。

目的地は決めない。ひたすら進むだけのサイクリングは、二時間を超えることもあったという。

母子家庭の村松さんにとって、娘と触れ合える掛け替えのない時間であった。

その日は、いつもと違う道を進んでいた。

毎度同じ道では、佐緒里ちゃんより先に村松さん自身が飽きてしまうからだ。

川沿いの土手をゆっくりと進んでいく。佐緒里ちゃんは初めて見る風景に御機嫌である。

平日の午前中のせいか、通る人は稀であった。

三十分ほど進んだ頃、急に空模様が怪しくなってきた。

出かける前の天気予報では、十パーセントの降水確率であった。

それを信じて遠出してきたのである。

そうこうしているうちに雨粒が落ち始め、本格的に降りだすまで僅かな時間しか要さなかった。

自分一人だけなら雨を突っ切って帰宅するのだが、子連れではそうもいかない。

雨に濡れて路面は滑りやすくなっている。万が一、転倒したら大変だ。

何処かで雨宿りができないかと見回す。前方に格好の場所を見つけた。

大きな橋である。あの下なら濡れずに済む。

村松さんは土手の上に自転車を残し、佐緒里ちゃんを抱いて橋の下に向かった。

片隅に手作りの小屋がある。殆ど壊れており、今は空き家のようだ。

近くに転がっている割れ茶碗が、侘しさを醸し出していた。

少し離れた場所に腰を下ろし、ほっと一息吐く。佐緒里ちゃんは突然の雨も楽しかったらしく、凄いねと喜んでいる。

雨脚は鈍ってきており、既に雲の切れ目から青空が覗いていた。

立ち上がろうとしたその瞬間、村松さんは誰かがいることに気付いた。

濃厚な気配を感じたという。絶対に誰かいるとしか思えないのだが、周りを見渡してもそれらしき人影はない。

気のせいかしら。

その呟きに重ねるように佐緒里ちゃんが叫んだ。

「上、おかあさん、上になにかいる」

慌てて見上げたが、何も見えない。

「何？　何がいるの佐緒里」

佐緒里ちゃんは、じっと一点を見据えたまま答えた。

「しらないひとがいる。あ。こっちくる」

それでも村松さんには見えない。見えないが、先程から感じている濃厚な気配が強くなっていくのは分かった。

それはまるで風圧のようであった。何故だか、片隅の小屋に視線が吸い寄せられる。

直観的に、この小屋が関係している気がしたという。

泣きだした佐緒里ちゃんを抱き上げ、村松さんは橋の下から飛び出した。

何だか分からないが、とにかく良くないものがいる。

一刻も早く、この場所から立ち去るべきなのは確かだ。

土手を駆け上がり、自転車に佐緒里ちゃんを乗せて全力で走りだした。

気配が薄まっていく。村松さんは上手く逃げ出せたことに感謝した。

あのまま、あそこにいたら何が起こったか想像もしたくない。

長い溜め息を吐き、速度を緩めた瞬間、佐緒里ちゃんが叫んだ。

「上っ！　おかあさん、さっきのひと、上にいる」

「何言ってるの、上って空でしょ」

「でもいるの。ついてきてる」

村松さんは進行方向に気を付けながら、上を見た。

何もない。所々青空が覗く雲があるだけだ。

「おかあさん、上っ！」

もう一度、佐緒里ちゃんが叫んだと同時に、例の気配が後頭部にぶつかってきた。

私には見えず、娘だけに見えるものが上にいる。

そう確信した村松さんは、これ以上ないぐらいの速度で自転車を走らせた。その甲斐があったのか、気配は再び遠のいていく。

佐緒里ちゃんも大人しくなっている。


一体、何だったのだろう。

自宅が見えてきた。どうやら佐緒里ちゃんは眠ってしまったようだ。

起こさないように、そっと抱き上げて玄関の扉を開けた。

いつもは玄関まで迎えにくる猫達が廊下の奥に座ったまま、出てこようとしない。

三匹飼っているのだが、三匹ともが鳴き声すら上げず、一箇所を見つめている。

その視線は、村松さんの頭上に焦点を合わせていた。

村松さんが動くにつれ、三匹の視線が動く。きっちり、同じ場所を見つめている。

とりあえず村松さんは台所に向かった。片手で佐緒里ちゃんを抱きしめたまま、塩を取り出して辺りに振りまいた。

それでも三匹の視線は変わらない。

そうこうしているうち、三匹ともが逃げ出してしまった。

台所に娘と二人取り残された村松さんは、途方に暮れて立ち竦んだ。

一体自分が何をしたというのか。単に橋の下で雨宿りしただけじゃないか。

考えれば考えるほど腹が立ってきた。娘を抱きしめたまま、村松さんは見えない何かに向けて怒鳴った。

「ここはあたしん家《ち》だ、出てけっ！」

返事はない。

上、上！

その声で目覚めた佐緒里ちゃんが、何も言わずに村松さんの胸に顔を押し付けてきた。小さく震えている。その身体を抱きしめながら、村松さんは小さな声で訊いた。

「佐緒里、怖いんならおばあちゃんの家に行く？」

佐緒里ちゃんはしばらくしてから、僅かに首を横に振って答えた。

「もうだいじょうぶだよ」

とりあえずは、その言葉を信じるしかなかったという。


今に至るも状況に変化はない。

相変わらず、濃い気配を感じるときがある。猫は三匹とも、突然出ていったきり戻らない。

微かな望みと花束を携え、あの小屋を再訪したこともあるそうだ。

が、そもそも本当にそこの住人だったかどうかすら分からない状態では、何一つ効果はなかったという。

ただ、佐緒里ちゃんは「だいじょうぶ。もういない」と言い張っているらしい。

自分にも佐緒里ちゃんにも、今のところ実害がないのだけが救いだと言って、村松さんは深い溜め息を吐いた。

取材を終えて帰ろうとしたときのことだ。

母親が席を外した途端、思い詰めたような顔で佐緒里ちゃんが私に聞いた。

「おじさん、おばけやっつけられる？」

紙般若

大原さんの家には蔵がある。

小さいが、堅牢な作りであった。

先祖伝来の品が堆く積まれているが、金目の物は既にその殆どが売りに出され、残っているのは屑ばかりと伝えられてきた。

ならばいっそ、蔵そのものを解体して土地を有効利用しようと意見がまとまり、大掃除が始まった。

伝聞に間違いはなかった。

次から次へと出てくるのは、価値のない物ばかりだ。

とはいえ、乱暴に放り出す訳にもいかない。

幾つかの掛け軸や茶器も見つかったからである。

「あら？　これ、もしかしたら」

喜色満面の母が、そっと抜き出したのは色褪せた古い木箱であった。

縦横は週刊誌ぐらいの大きさで、高さは十センチ程度。

赤い組み紐で厳重に縛ってある。

表書きに一文字だけ記された文字は【禁】

それぐらいで大原さんの好奇心を止められる訳がない。

箱を含めて価値のある物かもしれないと考えた大原さんは、丁寧に紐を解き、ゆっくりと箱を開けた。

「うん。これはいけるかもしれんよ」


額から生えた二本の角、こちらを睨みつける眼、歯を剥き出して笑っているような口。

般若の面である。

銘は刻まれていないが、滲み出る凄まじい迫力は、名品としか思えない。

その場にいた者は、誰一人として由来を知らなかった為、価値が判断できない。

何か分かる者がいるとすれば、親類縁者の中で最長老たる分家の叔母である。

大原さんは早速、車で三十分の場所へと向かった。

が、結局、答えは得られなかった。

叔母は緊急入院していたからである。

つい三十分程前のことであった。

何事もなく家事をこなしていた叔母は、突然、顔面を押さえ、のたうち回って苦しみだしたのだという。

その足で病院を訪ねたが、集中治療室の叔母には会えないまま、大原さんは帰途に就いた。


帰宅後、念入りに面を調べたが、見れば見るほど逸品に思えてならない。

とりあえず、何処かの古美術商で鑑定してもらおうと話が決まり、面は箱へと戻された。

翌朝。

大原さんを起こしたのは、目覚まし時計ではなく奥さんであった。

何やら不安げな様子である。

いつもは誰よりも早く起きて庭掃除を始める母が、部屋から出てこないというのだ。

「昨日の大掃除で疲れてんだろ。飯でも食えば大丈夫さ。起こしてくるよ」

ドアをノックしたが、返事がない。

幸い、鍵は掛けられていないようだ。

中の様子を窺おうと少しだけ開けた途端、糞便の臭いが溢れてきた。

「母さん……？」

中に入ると、母はドアに背を向けて正座していた。

普段は裾さえ乱さない着物が殆ど開けている。

座っている場所を中心に小便らしき液体が広がっていた。

それよりも大原さんの目を奪ったのは、母の頭に生えている角であった。

恐る恐る前に回った大原さんは、思わず後退りした。

母は、あの般若の面を被っていたのである。

「何やってんだよ、母さん」

その声に押されたかのように、母は横向きに倒れた。

庇おうともしない頭が、堅い音を立てて床にぶつかる。

その拍子に面が外れ、顔が現れた。

調べるまでもなく、死んでいると分かる顔であった。

直接の原因は脳溢血であったが、普段から健康に気を付けている母には似つかわしくない病名であった。

葬儀の場で、面と向かって大原さんを責める者はいなかったが、母親の病気に気付かなかった迂闊さを咎める視線は絶えなかった。

大原さんは、般若に何か原因があるように思えてならず、件の箱をそれとなく床の間に置いてみた。

その甲斐あって、遠方に住む叔父が話しかけてきた。

「なあ。あの箱って、面が入ってた奴か」

「叔父さん、何か知ってるんですか」

「おまえ、えらい物を出しちまったな。あれ、何人も殺してる面だぞ」


いつ頃か不明だが、先々代の当主の妻が買い求めてきたものである。

持ち込んだ目的も購入先も話そうとはしなかった。

面を持ち込んで僅か三日で姑が死んだ。

大原さんの母と同じく面を被った姿で発見された。

死因も同じく脳溢血であったという。

それだけではない。

持ち込んだ当の本人も同じ死に様を迎えた。

幾度となく捨てたのだが、何年か経つと蔵から出てくる。

しかも捨てようと試みた者は確実に死んだ。

「諦めて、封印した後に蔵の奥深く片付けたんだよ」

そういう由来の面であった。

大原さんは、結局その面を蔵に戻した。


「見るだけなら祟らないと思うけどね」

約束はできないけど、と但し書き付きで、その面を見せてもらった。

確かに、表書きには【禁】と記されてある。

そっと蓋を開け、絹布に包まれた面を取り出した。

「これだよ」

出てきた面を見て、私は戸惑った。

「間違いなくこれですか」

「そうだよ。何とも凄まじい般若だろ」


返事ができなかった。

私にはその面は、般若には見えなかったのだ。

そもそも材質が木ではない。

どう見ても紙粘土なのである。

目も鼻も口も、ただ単に丸く穿ってあるだけだ。

それに割り箸が二本、角として刺さっている。

幼稚園児が作ったような稚拙な面だ。

「おい、それ以上見てると危ないかもしれんぞ」

至極真面目な顔つきで大原さんは私の手から面を引ったくり、慎重に絹布に包んで箱に戻した。

紙般若・後日談

紙般若には後日談がある。『恐怖箱 厭鬼』を上梓した時点では間に合わなかった。

あの面を見せてもらってから一年後、大原さんから連絡が入った。

思うところがあり、再び取材させていただいた。これはそのときの話である。

その後の単著に掲載しても良かったのだが、前作を購入してもらう手間が申し訳ない。

今回、良い機会を得られたので書かせてもらった。


そもそもの発端は、蔵の解体である。

土地の有効利用を考えてのことだが、特にこれといった用途が見つからないまま二カ月が過ぎた。

その間に起こった変化としては、大原さんの退職ぐらいのものだ。

十分とは言えないが貯蓄も年金もある。贅沢さえしなければ、妻と二人で何とか暮らしていける。

母を亡くした痛みは、のんびりした日々を重ねるに従い、徐々に薄れていった。

そうなると人は勝手なもので、暇を持て余してしまう。

幸い、大原さんには日曜大工という趣味があった。

犬小屋から始まり、椅子や机まで作り上げた経験がある。

まずまずの物はできたのだが、一つ問題が生じた。置き場所である。

椅子はともかく、机は精々二卓もあれば十分だ。妻にも邪魔だと文句を言われ、制作意欲が失われてきた。

何となく億劫になり、いつしか道具箱は閉じられたままになっていたのだ。

蔵の跡地を眺めているとき、大原さんは自分の趣味を思い出した。

いっそのこと、小屋を建てるのはどうか。土地はある。本格的な家ではなく、犬小屋の大きな奴と考えれば良い。

道具は本格的な物が揃っている。必要なのは時間と根気だけだ。

考えれば考えるほど魅力的な暇つぶしである。

思い立ったが吉日、大原さんは図面を引き、材料を買い集め、少しずつ小屋を作っていった。

呆れた様子を見せていた妻も、家でごろごろされるよりはマシと考えたのか、無視を決め込んでいる。

半年を掛け、六畳程度の小屋が完成した。素朴な小屋だが、窓も照明もある。続いて家具に手を出す。得意の椅子、机に続いてタンスやベッドも作った。自作の家具で居心地が良くなった小屋で、大原さんは次をどうするか迷いに迷った。もう少し手の込んだ物を作りたくなったのだ。

そのとき、思いついたのが彫刻である。それも、般若の面を作りたい。それだけが頭に浮かんで離れようとしない。

もう一つ頭に浮かぶものがある。大原家の家宝とも言うべき能面である。災いを呼ぶと忠告された為、箱に入れて封印し、仏間の押し入れに片付けてある。けれど閉じ込めたままでは、どう考えても惜しい。

それほど魅力的な面なのだ。売り払う気は失せている。宝物として自慢したいのは山々だが、やはり呪いは怖い。

待てよ、ならば複製を作れないものだろうか。本体は呪われているかもしれないが、複製なら大丈夫では。

素人にできる訳がないのは分かっているのだが、何故だか自分なら大丈夫という気がしてならない。

とにかく一度やってみよう。

木材は幾らでもある。大原さんは試しに猫の像を彫ってみた。

自分でも驚くほど上手くできたのだという。

それ以来、大原さんは夢中になって般若の面を彫り続けていた。

時折、禁を破って実物を取り出し、細かいところを確かめながら腕を磨いていった。

どうやら人に見せられるだけの物ができるまで一年掛かった。

とりあえず、自分としてはかなり自信がある。

誰かに見せたいが、本体を知っている者は少ない。

そこで思い出したのが私であった。

事の経緯を聞かされ、自宅に招かれた私は、二つ返事で了承した。怖くない訳ではない。

怖いに決まっている。

が、それ以上に興味があった。

あの面を複製したのなら、大原さんにどう見えているか分かるのではないか。

二日後、私は一年ぶりに大原さんの自宅を訪ねた。

挨拶もそこそこに、早速見せてもらう。

小屋に飾ってあるとのことで、裏口から庭に出た。大きな庭の片隅に、大原さんが建てた小屋があった。

素人が建てたにしては、まずまずの外見だ。ドアを開けた大原さんに促され、室内に入った私は、予想外の状況に立ち竦んでしまった。

室内の壁を般若の面が埋め尽くしている。十や二十どころではない。

大原さんが私の背後で自慢げに言った。

「出来の良いのだけ飾ってあるんだ」

確かに全ての面が見事な出来だ。詳しいことは分からないが、素人が作った物には見えなかった。

そう感想を伝えると、大原さんはくすくす笑いながら言葉を続けた。

「実は、この中に本物が飾ってある。どれだか分かるか」

言われて私は愕然とした。一年前に見たあの紙粘土の面が見当たらないからだ。

「分からんか。あれだよ」

大原さんは右側の壁を埋めた般若面の一つを指差した。私は一旦、目を閉じて深呼吸し、ゆっくりと目を開けた。

そこにあったのは、まさしく一年前に見た紙般若であった。

先程までは確かに般若の面だったのだ。大原さんはその面に近付いて丁寧に外し、ベッドの下に隠してあった箱に戻した。
上出来だな、もう少し腕を磨いたら売れるかもしれんなどと呟いている。
良かったら食事でもと誘われたが、丁寧に断り、私は小走りで駅に向かった。
幸い、私に起こったのは、帰りの電車で鼻血が止まらなくなったことぐらいであった。

あの子のランドセル

その日、買い物に出ようとした佳枝さんは、見慣れない女性に声を掛けられた。

相手は何やら大きな荷物を抱えている。

「野々村……いえ、今は三上佳枝さんだったわね、私のこと分かるかしら」

その声に覚えがあった。

ＯＬ時代の同僚、原田さんである。

佳枝さんより二年早く寿退社し、御主人の実家がある隣県へ引っ越した女性であった。

相手が輸入雑貨関連の企業の社長ということで、当時は皆の羨望の的であった。

それにしては酷くやつれた姿である。だからこそ気付けなかったと言ってもいい。

「久しぶりですね。どうしたんですか、こんな所に」

佳枝さんの言葉に安心したのか、原田さんは強張った表情を緩めた。

「ちょっと法事があって。ついでと言ったら何だけど、お願いがあるのよ」

ランドセルを貰ってほしいという。

「折角買ったのに使えなくなってね。勿体ないから誰かに譲ろうかと」

「え？　でも何で私に」

「貴方には色々お世話になったのに、何一つお返しできなかったし。それと、確かお子さん、来年入学でしょ」

とりあえず現物を見てよと手に持っていた包みを開くと、ピンク色のランドセルが現れた。

確かに新品である。

ありがたいが、高価な品を貰う程の仲ではない。

戸惑う佳枝さんに向かい、原田さんは尚も頭を下げた。

「返品できなくて困ってんのよ。オークションとかやったことないし。かと言って、気に食わない相手にやるのもね。で、貴方を思い出したの。ね、お願いだから貰ってちょうだい」

佳枝さんはここでもう一つ思い出した。

自分の意見が通らないと、尋常じゃなく不機嫌になる人だった。

とりあえず受け取っておき、もし送り返したければ会社に訊けば住所は分かるはず。

そう結論を下し、丁寧に礼を言う。

原田さんは笑顔で帰っていった。

帰宅した夫の信彦さんに事情を説明する。

「へぇ、ラッキーじゃないか。ちょっと背負わせてみたらどうだ」

居間で遊んでいた娘を呼び寄せた。

「あのね、素敵なプレゼントがあるのよ」

クローゼットに片付けておいたランドセルを取り出す。

「じゃーん。ランドセルでーす」

声を張り、満面の笑顔で娘の前に置いた。

その途端、である。

いつも賑やかな娘がいきなり黙り込んだ。

顎を引き、唇をへの字に曲げ、目を大きく見開いている。今まで見せたこともない表情でランドセルを見つめている。

「どうしたの」

返事の代わりに大声で泣きだした。

信彦さんの後ろに隠れ、見た目に分かるほど震えている。

嫌だ、怖いをひたすら繰り返す。

「おかしな子ねぇ。何が怖いんだか」

「とりあえず寝かせてこい。それ、片付けとくから」

子供の泣き声が苦手な信彦さんは、吐き捨てるように言った。

一体何だってのよ。

佳枝さんも負けじと吐き捨て、娘を抱き上げて子供部屋に向かった。

「どうしたの、えっちゃん。ランドセル欲しいってあんなに言ってたのに」

今にも引きつけそうなほど泣いていた娘が、瞬時にして真顔に戻って言った。

「あれはあの子のだから」

「あの子って誰よ」

「ランドセルの中にいる子」

そう言い残して娘は瞼を閉じた。

そっとベッドに寝かせ、ドアを閉める。

「何のことよ。ランドセルの中にいる子って」

娘の言葉を反芻してみる。

いつの間にか、二の腕に鳥肌が立っていた。

居間に戻った佳枝さんは思わず笑ってしまった。

信彦さんがランドセルを背負って立っていたからだ。

細身とはいえ、大の男がランドセルを背負った姿は、出来の悪いコントのようだ。

「何やってんの。どう突っ込んでいいか分からないわよ」

返事をしているのだろうか、信彦さんの唇が微かに動いている。

「何言ってるか聞こえないってば」

その途端、信彦さんは大声で歌いだした。

「どんぐりころころどんぶりこぉっ」

「ちょっとちょっと、止めなさいよ、何時だと思ってんの」

必死になって止める佳枝さんを振り払い、信彦さんは次々に童謡を歌いながら、その場で足踏み行進を始めた。

上げようとした足が、かなりの勢いでテーブルにぶつかり、その痛みで信彦さんは我に返ったようだ。

背中のランドセルが邪魔をして、痛む足をさすれないでいる。

「何だこれ」

「それはこっちの台詞よ。何でそんなもの背負ってんの」

「何でって……何でだろ」

「とりあえず下ろせば」

信彦さんはぼんやりと頷き、ランドセルを下ろそうと試みた。

無理矢理背負ったせいか、なかなか腕が抜けない。

苛立った信彦さんは二、三度飛び跳ね、その勢いでランドセルを床に落とした。

「乱暴にしないでよ」

佳枝さんは信彦さんを睨みつけながら、ランドセルに手を伸ばした。

「待て。ちょっと待て。そのまま動くな」

「何よ」

信彦さんが低くかすれた声を絞り出した。

「見ろ」

震える指先はランドセルに向いている。

「何だっていう……」


仰向けに落とされたランドセルから、黒く艶やかな髪の毛がはみ出している。

御丁寧に三つ編みにされ、先端には赤いリボンまで付いていた。

二人が見ている前で、三つ編みは蛇のようにうねりながら、するするとランドセルに吸い込まれていった。

「どれでも構わんから毛布を一枚持ってこい」

信彦さんが囁くように言った。

毛布、毛布、毛布。

まるで子供の使いのように復唱しながら、佳枝さんは寝室に飛び込んだ。

なるべく分厚いものを選び、引き返して信彦さんに手渡す。

「玄関、開けといて」

振り向かずに言い残し、信彦さんは慎重にランドセルに近付くと、一気に毛布を被せた。

その姿を見届けると、佳枝さんは玄関に走った。

自分が小さな悲鳴を上げているのが分かる。

ドアを開け、振り向くと信彦さんが走ってくるのが見えた。

毛布で包んだランドセルを抱え、泣きそうな顔だ。

裸足のまま外に走り出た信彦さんは、前庭の片隅に毛布を置き、全速力で戻ってきた。

玄関のドアを閉め、鍵を掛け、へなへなと座り込む。

出窓から確認すると、毛布は置かれたままの状態を保っていた。

その日は、まんじりともせずに夜を明かした。

朝の光の中で見ると、単なる毛布の包みである。

昨日のことが現実とは思えないが、かと言ってこのままにもしておきたくない。

早急に送り返すことで話はまとまり、佳枝さんは携帯を取り出した。

幸い、人事課の課長はまだ佳枝さんのことを覚えていてくれた。

冗談交じりの挨拶を交わし、早速、用件に入る。

「でね、折角いただいたんですけど、主人のお母様がプレゼントするのを楽しみにしてて。送り返したいんです」

用意していた嘘を告げると、人事課長は短い沈黙の後、陽気な性格が微塵も感じられない声で話しだした。

「そうか、君は知らないんだね。原田さんね、行方不明なんだ」

意外過ぎる答えに佳枝さんは言葉が詰まった。

課長は話を続けている。

「何処から漏れたのか、社内では公然の秘密になってる」

課長は一旦そこで間を置くと、声を潜めた。

「元はといえば、彼女自身の不倫が原因でね。逆上した御主人が一人娘を連れて家を飛び出したそうだ。腹立ち紛れにスピードを出し過ぎたんだろうな、酷い事故を起こしたんだって。シートベルトさせてなかったらしくてね、娘さんだけが車の外に放り出されて即死だった」

それ以来、ずっと行方が知れない。
一度だけ、小学校の近くで姿を見た人がいた。
原田さんは、声を噛み殺して泣きながら、校庭で遊ぶ子供達を見ていたらしい。
その手に妙な物を握っていた。
三つ編みにした髪の毛である。
時折、それに頬ずりしながら泣いていたという。

役に立てなくてすまんね。
詫びる課長に礼を言い、佳枝さんは電話を切った。
哀れとは思うが、そんなランドセルを娘に使わせたくない。
家に入れるのも嫌だ。
行き詰まった佳枝さんは、とりあえず信彦さんに手に入れた情報をメールした。
待ち構えていたのか、信彦さんはすぐに電話を掛けてきた。

「もしもし。あのな、考えたんだけど、その人って入学式に来るような気がする」

「どういうこと」

「自分の娘の入学って思い込んでさ」

言われてみれば、尤もな気がしてきた。

「だからさ、もしも違うランドセル背負ってたら、ヤバいんじゃないかな」

「でも使わせたくないわ」

「だから、あれに似たのを買ってごまかすってのはどうかな」

そんなことで何とかなるのだろうか。

心細い限りだが、他に手段はない。

とりあえず、似たのがあるか探してみよう。

家を出た途端、毛布が目に入った。

誰も触るはずがないのに、昨日置いた場所より明らかに近付いている。


これ以上、猶予はない。

佳枝さんは隣町にある大型ショッピングセンターに急いだ。

幸い、その判断は正解であった。

色も形も同じものがあったのだ。留め金の形状も変わらない。
帰宅し、恐る恐る毛布に目をやる。
また近付いていた。

信彦さんも気にはしていたのだろう、いつもよりかなり早めに帰ってきた。
なけなしの勇気を振り絞った様子で、信彦さんは毛布を抱き上げると車に向かった。
そっとトランクに仕舞い込み、鍵を掛ける。
「入学式まで二週間、車には乗りたくないな」
その声に反応したかのように、トランクの中で何かの物音がした。
それは幼い子供の声に思えた。
佳枝さんも信彦さんも、耳と心に蓋をして車庫のシャッターを下ろした。

入学式当日。
娘は、佳枝さんが買ってきたランドセルを背負って御機嫌である。
小学校は笑顔の親子で溢れている。
だが、受付場所の体育館に向かう途中、佳枝さんから笑顔が消えた。

やはり、原田さんが来ている。

黒いワンピースに赤いショルダーバッグが目立つ。

父兄用のリボンを付けていない為、小学校の敷地内には入れないようだ。

金網製のフェンスに顔を押し付けるようにして、こちらを凝視しているのが分かった。

右の拳を頬に当てている。

三つ編みにした髪の毛を握っているのが遠目でも見て取れた。

ランドセルに入っていったものと同じく、先端を赤いリボンで結わえてある。

それに頬ずりしながら、原田さんは号泣していた。

ああこれは無理だ。ごまかせない。

これから起こる修羅場を思い、佳枝さんは思わず呻いた。


ところが、原田さんは何も言わず、ただひたすら泣いているだけだ。

受付を済ませ振り返ると、意外なことにその姿はなかった。

拍子抜けも甚だしいが、とにかく乗り切れたと胸を撫で下ろす。

少し遅れてきた信彦さんに、事の経過を話すと、妙な顔をした。

「あのさ、その人って黒のワンピースで赤いショルダー提げてなかったか」

「当たり……何で分かったの？」

「やっぱりか」

信彦さんが急ぎ足で来る途中、その女性は通りを歩いてきたそうだ。

連れの男にべったりと寄り添い、上気した顔で何事か囁く度に艶っぽく笑う。

ぐるぐると右手で何か回している。

よく見るとそれは、三つ編みにされた髪の毛であった。

女性はそれを街角のゴミ箱に投げ込み、更に男性に甘えながら通り過ぎていったという。

「何それ。わけ分かんない。他人に見えているのに、肝心の母親には見えないの？」

「子供が見えないからこそ、不倫なんかするんだろ」


三日後。

信彦さんはトランクから出したランドセルを毛布ごと袋に入れ、固く縛った。

その日は粗大ゴミの日であった。

長椅子

その日、奥西さんはドライブを楽しんでいた。

行き先は決めず、いつもとは違う道を選んで走る。見知らぬ街で食事し、見慣れない景色を楽しみ、随分遠くまでやってきた。

帰り道、中古の家具ショップが目に入った。和洋取り混ぜた雑多な店だ。

特に目的はないが、暇つぶしには持ってこいだ。

家具だけではなく、調理器具や生活雑貨なども取り扱われている。

一番に目を惹かれたのは、教会で使われているような木製の長椅子だった。

大人が三人、楽々座れるぐらい大きい。座板を開けると、かなりの容積を誇る小物入れになっている。

丁寧に使われていた物らしく、全く汚れていない。

見た瞬間、値段を確認した。リビングで使用している椅子を買い替えようと夫婦で話し合っていたところであった。

これなら、テーブルにも壁の色にも合う。

店員を呼び寄せ、詳細を訊ねた。この長椅子なら、今日中に配達するという。

しかも閉店店じまいセール中の為、言い値で構わないとまで言う。

ではよろしく、と手続きを済ませ、奥西さんは帰宅を急いだ。

荷物は、奥西さんの帰宅から半時間も経たずに到着した。尾行でもしたのかと思わせるほどだ。

居間に据えてみると、まるで誂えたかのようであった。

妻の帰宅まで、この長椅子で過ごそうと決め、奥西さんは大好きな紅茶と読み掛けの本を用意した。

座り心地も良い。壊れているところも特に見当たらない。

奥西さんは己の幸運に感謝した。


本に没頭し始めて間もなくのことだ。

カリ……。

幽かな音が聞こえた。

小さな、けれども確かに耳に届く音だ。

カリ……。

何処から聞こえてくるのだろう。奥西さんは耳を澄ませた。

音は己の尻の下から聞こえてくる。

奥西さんはゆっくりと腰を上げ、長椅子を見つめた。

間違いない、音はこの長椅子の中から聞こえてくる。

奥西さんは猫を一匹飼っている。もしかしたら、知らない間に中に入ったのかもしれない。そう考えた途端、当の猫が目の前を通り過ぎた。

だったら一体何だ。

じっと長椅子を見下ろしたまま、いたずらに時は過ぎた。

その間にも音は、カリ、カリと断続的に続いている。

とにかく開けてみようと決め、座席に手を掛けた。

ほんの少し上げてみる。

音が止んだ。

もう少しだけ上げる。

座席の下の空間に少女がいた。仰向けに寝ている。目が合った。

現状を理解できず、見つめ合ったまま時間が過ぎる。

薄いピンク色のパジャマを着ている。服の上からでも、極度に痩せ細っているのが見て取れた。

真っ白な陶器のような顔は、所々に殴られた痕が残っている。

少女は、折れそうな腕をゆっくりと持ち上げようとしていた。

ここでようやく奥西さんに恐怖心が戻った。

慌てて座席を下ろす。

少女の手が挟まったが、何度も何度も座席を打ち下ろして閉め切った。

腰が抜けるという感触を初めて味わい、奥西さんは四つん這いで家から逃げ出した。

裸足のまま、家の前の路上で悩んでいると、仕事を終えた奥さんが帰ってきた。

「何してんのよ、そんな格好で」

どう説明したら良いものか迷っていると、奥さんが二階の窓を見上げて言った。

「あら。何処の子？」

事情を説明した途端、奥さんは顔色を変えた。

「そんな椅子さっさと返品しちゃいなさいよ」

言われるまでもない。奥西さんは、受け取った納品書に記載されている番号に電話した。

出ない。何度呼び出しても応答がない。

仕方ない、こうなれば。
奥さんの冷たい視線を避けながら、奥西さんはお隣の御主人を呼びに行った。
あの長椅子を外に出せば、当座は凌げると思いついたのである。
何も知らないお隣の御主人を先頭に、二階へと向かう。少女の姿は見当たらない。
早速、長椅子を外に出し、そのまま粗大ゴミ置き場へ持っていった。

夜中、窓からそっとゴミ置き場を見下ろす。
長椅子は見当たらなかった。
誰かが持ち帰ったのかもしれない。
とりあえずはこれで治まった。奥西さんは、見知らぬ誰かに感謝した。
さて、寝るとするか。
奥西さんは、パジャマをしまってある引き出しを開けた。
そこに、先程の少女がいた。
どうやったのだか、きっちりと収まっている。
仰向けに寝そべった少女は、奥西さんに向かって緩やかに微笑んだという。

諦めた母

テーブルの上に次から次へと料理が運ばれてくる。

いずれも見ただけで美味いと分かるものばかりだ。

正直、ホームパーティーなんて高が知れていると侮っていた。

谷口さんは、己の料理の腕を思い浮かべて心の底から恥じ入った。

それにしても、と改めて田島家の居間を見回す。

二階中央の扉を開け放てば、リビングとダイニングを一つにまとめたパーティールームの出来上がりという作りだ。

統一感のある洒落た家具、海外製と思われる電化製品、薄く柑橘系が香る空気。

まるでモデルルームのようだが、それでいて人の体温が感じられる家だ。

誰もが憧れる暮らしがここにはある。

こんな生活を送っていると、あんな素敵な人になるんだろうな。

谷口さんは、憧れと嫉妬が絡まり合った視線を田島さんに向けた。

料理は予想以上に美味しく、谷口さんは時を忘れて楽しんだ。

食後のコーヒーを待つ間に、谷口さんは妙なことが気になってきた。
これほど完璧な部屋なのに、クローゼットが薄く開いているのは何故だろう。
四枚折れ戸の右端が五センチほど開けてあるのだ。
クローゼットだけではない。
北欧製と思しき食器棚や二棹あるワードローブ等、扉であれば種類は問わない。
とにかく、見える範囲にある全ての収納の扉が僅かに開いている。
全て完璧なだけに、その隙間が妙に落ち着かない。
「はいお待たせ、シフォンケーキは後三分で焼けるわ。お腹、まだ入るでしょ」
ふわりとした笑顔を添えて、田島さんがコーヒーを運んできた。
一口すすり、谷口さんは思い切って扉の件を訊いてみた。
そう言えばそうねと他の客達も同調する。
「ああ、何で開けてるかって。大した理由じゃないのよ」
そう言われると尚の事、気になる。
全員が伏して頼んだ。
「もう。仕方ないわね。ほんと、つまんない話なのよ」
呆れ顔の谷口さんは、それでもようやく話を始めた。

私がまだ小学生だった頃、母は再婚したんだけど、これが酷い男でね。

私もよく叩かれたの。左の手首が折れたこともある。今でもそいつの顔は忘れないわ。

身体の痛みは忘れたのにね。


話の展開が読めず、谷口さんは戸惑った。

「ごめんなさい、突然過ぎるわね。でもここから話さないと分からないの」


母は私を連れて逃げたの。

夜中に突然起こされて、ランドセルに教科書全部詰め込んで、それでも入らないのは袋に入れて。

母は大きなトランク一つだけで、家を出た。

DVシェルターっていうのがあるのよ。私達が行ったのは、警察署のすぐ近くにある建物。三階が丸ごとアパートみたいになってた。

そこで二週間だけ宿泊できるの。寮母さんがいて、弁護士とかも紹介してくれてたみたい。で、色々とアドバイスを受けて、次の行き先を決めるのね。

期限ぎりぎりのところで次が見つかったんだけど、そこからが大変だった。

谷口さんはそこまで話して、遠い日々を思い返すように窓の外に視線を漂わせた。

「あ。ケーキが焼けた。ちょっと待ってね、逆さまにして冷やさないと焼き縮みするから」

リビングに残された田島さんは、もう一度クローゼットを見た。

何か黒いものが動いた気がしたのだ。確認しようと立ち上がりかけたとき、谷口さんが戻ってきた。

「ええと、何処まで話したかしら。そうそう、アパートが見つかったってところね」

そのアパートは私の小学校から遠かったのよ。

でも、転校するのが嫌だなんて言えなかった。母は物凄く頑張ってたしね。

私がわがまま言って困らせるなんてできない。

我慢しなきゃって思ってたんだけど、どうしても我慢できないことが一つだけあった。

そのアパート、出るのよ。

私と同じぐらいの歳の男の子。がりがりに痩せて、着てる服もあちこち破けてて、骨の上に皮膚を貼り付けたような身体が見えてるの。

丸坊主で、ぎょろっとした目玉を剥き出して睨むの。その目玉が今にも落ちそうで。

いつも押し入れにいるの。見るのが怖いから、しっかり閉めるのに、そーっと開くのよ。

私、あんまり怖いから、ある夜とうとう母に泣きついてね。

母はとても困ってた。そりゃそうね、いきなりお化けが出るから引っ越したいって言われてもね。

やっと見つけたアパートだし、どうにか仕事も決まって働き始めたところだし。

これからまたアパートを探すにしても、お金がないのよ。下手すると給食しか食べない日もあった。

そのぐらい追い詰められてた。

だから母は、私の頭を撫でるぐらいしかできなかったんだろうな。

でね、そうやってる間に押し入れの戸がそーって開く音がした。

振り返ったら、やっぱりいた。丸坊主の男の子が立ってた。

お母さん、あの子よ、あの子が怖いの。

そう言ったんだけど、母はまだ頭を撫でながら、何処にいるのよって。

やっぱり見えないのかなって悲しくなって母を見上げたら、母はまっすぐ押し入れを見てた。

少し震える声で、母さんには何も見えないわって、そう言ったの。

ああ、母には見えてる。でもどうしようもないんだな。

お金ができるまで、ここからは逃げられないんだ。

私、そこで諦めたの。

母はその後、頑張って頑張って頑張り抜いて、ようやくそのアパートから出られたんだけど。

「その子、一緒に付いてきちゃったの。母が何もしなかったから、自分が認められたって勘違いしたみたいで。母が亡くなってからは、私に付いてきた。だから、いつも扉を開けておくの。開けておいて見ないようにしてる。そのほうが気分的に楽だし。扉とか押し入れのない家にしようかと思ったんだけど、そんなの無理だしね。さ、つまんないお話はここまで。今日のシフォンケーキは自信作なのよ」

谷口さんが軽い足取りでキッチンに向かった。

田島さんは強張った笑顔を作りながら言った。

「何なの、怖い話がデザートって」

他の二人も動揺を隠すように、殊更明るく答える。

「どう反応していいか迷うわよね」

「ちょっとだけ鳥肌立っちゃったわよ」

どうにか作った笑顔を保ちながら、田島さんは何となくクローゼットを見た。

その途端、折角用意した笑顔が再び凍り付いた。

薄く開いた隙間から目が覗いている。

左右二つともだ。それが横にではなく、縦に並んでいる。

頭を真横に向けなければ、ああはならない。

だが、それをするには壁が邪魔だ。頭がめり込んでしまう。

そんなことができるものが、あの空間に存在している。

目が離せずにいる田島さんの背後に、いつの間にか谷口さんが立っていた。

谷口さんは静かに言った。

「あんまりじっと見ないほうがいいよ。でないとあなたに憑いてしまう」

田島さんは慌てて目を逸らし、運ばれてきたシフォンケーキに集中した。

美味しいはずだが、何の味もしなかったという。

他人様の子

澤部さんには夏菜子ちゃんという娘がいる。

幼い頃、夏菜子ちゃんには親しい友達がいた。マンションの隣室に住む、同い年の結衣ちゃんである。

親同士も仲が良かった為、二人はいつもともに笑い、ともに泣き、たまに喧嘩し、まるで実の姉妹のように育った。

その結衣ちゃんが三歳の春に亡くなった。風邪をこじらせた結果だという。

結衣ちゃんの母親は、部屋に閉じこもったまま出てこなくなった。父親のほうは仕事に出かけていくが、酷く疲れて見える。

掛ける言葉が見つからない。そっとしておくのが最良の方法に思えた。

肝心なのは夏菜子ちゃんへの対応である。結衣ちゃんの死を上手く伝えるにはどうしたらいいか。

散々、頭を悩ませたが、答えが見つからない。いっそ、正直に教えてあげようと決めた。

結衣ちゃんの死が誰のせいでもないということ。夏菜子ちゃんは死なないということ。

それと、きちんと冥福を祈ること。澤部さんは、その三点に基づいて話し始めた。

夏菜子ちゃんは身じろぎもせずに聞いていたが、澤部さんが話し終えた途端、こう言った。

「おはなしおわった？　ゆいちゃんとあそんでもいい？」

ああ、やはり理解できなかったか。さて、どうしたものか。

悩む澤部さんを尻目に、夏菜子ちゃんは大好きなままごとセットを並べた。

「ゆいちゃん、あかちゃんやる？　じゃあわたしおかあさんね」

止めようとしたときのことだ。

夏菜子ちゃんが差し出した小さな茶碗が、ほんの一瞬だけ宙に浮いた。

何だったのだろうと思う暇もなく、次はコップが動いた。

夏菜子ちゃんは鼻歌を歌いながら、ままごとを続けている。普通なら、一人遊びのときに子供は顔を上げたままにしない。

玩具や絵本を見つめ、自分の世界に浸る。

だが、夏菜子ちゃんは顔を上げ、そこに誰かいるように話しかけた。

「夏菜子。誰と話してるの」

半ば予想していた答えが返ってきた。

「ゆいちゃん」

馬鹿なことをと言いかけた目の前で、ぬいぐるみが動いた。それは結衣ちゃんが大好きなものであった。


それからというもの、夏菜子ちゃんは見えない相手と遊び続けた。

それが大変に危険なことだと分かったのは、十日後のことである。

酷くやつれてきたのだ。慌てて医者へ行く。原因は過労であった。

当然といえば当然である。夏菜子ちゃんは結衣ちゃんと一日中遊ぶ。どれだけ止めようが、隠れて遊ぶ。

どうかすると、夜中に起きだして遊んでいるときもあったぐらいだ。

当然、生きているほうには体力の限界がある。

お守りやお札は全く役に立たなかった。盛り塩も鏡も刃物も、何の効果もない。

相手は邪気のない子供である。そういったものが効く訳がなかった。

ほとほと困り果てた澤部さんは、意を決して隣家のドアを叩いた。

現れた父親に、事の次第を話す。途中、奥の間から母親が出てきた。

「うちの娘は死にました。死んだんです。死んだ死んだ死んだ」

そう叫びながら向かってくる。

話し合いなど以ての外だ。澤部さんは逃げるのがやっとであった。

その日から七日目に夏菜子ちゃんは倒れ、救急搬送された。

命には別条はなく、体力は回復していったのだが、帰ればまた結衣ちゃんが待っている。

退院後、澤部さんは夏菜子ちゃんを連れて実家に戻った。

夫には療養の為に必要と嘘を吐いてある。

あっという間に元気になった夏菜子ちゃんは、近所の子供達と仲良く走り回るようになった。

だが、このままここに居続ける訳にはいかない。思い悩む澤部さんに朗報が届いた。

隣家が引っ越していったというのだ。

ほっと胸を撫で下ろし、澤部さんは久しぶりの我が家に戻った。

玄関の扉を開けた途端、夏菜子ちゃんが暗い廊下の奥に向かって言った。

「ゆいちゃん、ただいま」

追い詰められた澤部さんは、ありのままを夫に話した。幸いにも、夫は全面的に信じ、解決策まで用意してくれた。

犬を飼ったのである。以前、二人を公園に連れていったときのことを思い出したのだという。

散歩中の子犬がいたのだが、結衣ちゃんは泣き叫びながら逃げ回ったらしい。効果てきめんであった。夏菜子ちゃんは、結衣ちゃんのことを言わなくなった。

結衣ちゃんがどうしたかは分からない。

「多分、親のところへ行ったんじゃないかな。そこまでは面倒みきれないわよ、他人様の子だし」

澤部さんは気まずそうに顔を伏せた。

離れない

中原さんには愛美ちゃんという孫娘がいる。

愛美ちゃんは中原さんを心から慕っており、盆や正月は欠かさず遊びに来ていた。

これは、愛美ちゃんが八歳になって間もない頃の話である。


とある年の八月、中原さんに朗報が舞い込んだ。

愛美ちゃんが一足先にやってくるという。

愛美ちゃんの町からは、乗り換えなしの電車で一時間程度である。駅から中原さんの家までは、徒歩で十分。

大きな道路をまっすぐに来ればいいだけだ。

何も起こらないとは思うが、万が一ということもある。当日、中原さんは駅まで迎えにいった。

電車は定刻通りに到着し、乗客が改札口に向かってきた。

最後尾に愛美ちゃんがいる。おどおどと辺りを見渡しながら歩いている。愛美ちゃんは中原さんの姿を見つけ、満開の笑顔で走ってきた。

再会を喜び合い、中原さんと愛美ちゃんはのんびりと歩きだした。途中、コンビニでサンドイッチを買った。

道すがらにある公園で、昼ご飯にするつもりだ。一度も立ち寄ったことはないが、遊具も沢山あり、芝生の広場も見える。

愛美ちゃんが遊びたいというので、中原さんはベンチに座って見守った。

公園内には何組か家族連れがいる。中原さんと同じく、親はベンチに座り、子供達は元気に駆け回っている。

その子供達の一人が、愛美ちゃんに近付いていくのが見えた。愛美ちゃんと同じ背格好だ。上下とも真っ黒な服は、この暑いのに長袖と細身のズボンのようだ。後ろ姿しか見えないが、女の子のようだ。

その子は、ブランコを漕ぐ愛美ちゃんの側に来て、じっと見つめている。

愛美ちゃんは人見知りが激しい子である。ましてや相手は初対面だ。

間に入ってあげようと中原さんは立ち上がり、歩きだした。それに気付いたのか、愛美ちゃんはブランコを止めて手を振る。

笑顔で応えながら近付いた中原さんだったが、途中からその笑顔が強張ってきた。

先程の女の子の様子がおかしい。黒の長袖とズボンに見えたのだが、明らかに違う。服を着ているように思えない。

あと数メートルの位置まで来て確信した。この子は何も着ていない。裸体が真っ黒なのだ。ぱさぱさで艶のない髪の毛が、妙に目を引く。

そんな異様な子が目の前にいるのに、愛美ちゃんは全く気にしていない。というか、見えていない。

「おばあちゃん、お腹すいた」

そう言って、愛美ちゃんが駆け寄ってきた。その動きに合わせて、真っ黒な女の子が振り向く。

中原さんは思わず後退った。身体中が真っ黒なくせに、顔面だけは普通だ。とらえどころのない平凡な顔で愛美ちゃんを見つめている。

時々、その顔面が激しく崩れる。顔とは呼べない肉の塊になり、すぐにまた元通りになる。

「おばあちゃん、どうしたの」

「何でもないよ。サンドイッチ食べようね」

中原さんは女の子を無視することに決めた。

私と愛美には、あんたが見えてない。だから相手はできない。

さっさと何処かに消えてちょうだい。

そう胸の中で繰り返しながら、サンドイッチを食べる。この対応が最善の策だと判断したという。

結論として、その判断は大失敗であった。

黒い女の子は、中原さん達から離れようとせず、家まで付いてきたのである。

一旦、無視すると決めた以上、お経を唱えたり、塩をかけたりなどはできない。

中原さんは必死になって平静を装った。

そんな中原さんの努力を嘲笑うかのように、女の子は愛美ちゃんの側から離れようとしない。

最終日になり、両親とともに駅の改札を抜ける愛美ちゃんに手を振りながら、中原さんは不安と後悔で押し潰されそうになっていた。

もっと毅然として対処するべきだったと悔やんだが、どうすることもできなかった。

現在、愛美ちゃんは中学二年生である。

黒い女の子は今でも側に立っている。

中原さんは、自分が死んだときにその子を連れていくと決めている。

条件更新

　五年前の夏、長谷川さんは長年の夢であったマイホームを手に入れた。

　駅裏の再開発の一環として建てられたマンションであり、周辺には何一つない。以前は田畑があったようだが、今現在は何も作られていないようだ。

　その眺めは、自然を愛する長谷川さんにとって最高の贈り物だったが、ただ一つ傷があった。それは、眼下に見える廃屋である。

　木造の二階建てだ。

　かなり前から放置されているらしく、蔦に覆われた屋根や壁の所々に穴が開いている。建っているのがやっとの状態に見えた。

　好奇心旺盛な長谷川さんは、散歩の途中に立ち寄ってみた。

　表札の文字は色褪せていたが、辛うじて竹村と読める。

　開発される前、この辺り一帯には小さな集落があったと聞いている。

　そのうちの一軒が残っているのだろう。長谷川さんは、そう推測した。

　見ていて気持ちの良い建物ではない。

幸いと言っては何だが、竹村家は駐車場のすぐ側にある。

長谷川さんの部屋からは、ベランダに出て見下ろさない限り目にすることもない。

いずれにせよ、周辺一帯は開発予定地域であり、この廃屋が解体されるのも間近と思われた。


一週間も経たずマンションは全室が入居済みとなった。

他人の世話焼きが好きな長谷川さんは、率先して自治会長を引き受けた。

例えば共用道路の草引きであるとか、溝掃除などの役割分担、ちょっとした親睦会なども率先して決めていったという。

何度目かの集会で、竹村家が話題に上った。

住民全員が気にしていたのである。中には露骨に顔を顰《しか》める者もいた。

周辺は整地が進み、道路も新設されている。それなのに、いつまでもあの家だけが撤去されないのは何故か。

とりあえず知りたいのは、その理由である。

切実なのは低層階の住民であった。カーテンを開ける度、嫌でも目に入ってしまう。

そこにあるだけで気分が悪くなるという意見も多く、長谷川さんが代表でマンションの販売業者を訪ねることになった。

担当者は、拍子抜けするほどあっさりと理由を教えてくれた。

竹村家は借地に建てているとのことだ。その一帯は買収が進まないらしく、どうにもならないという。

再三に亘って地主と交渉しているのだが、なかなか良い返事が貰えないらしい。

「私共も早急に着手したいのですが、こればかりは何とも。ただ、いずれ更地になるのは間違いありません」

そう言って担当者は頭を下げた。

事情が分かってしまえば、後は気の持ちようである。いつかは撤去されるのであれば、何とか我慢もできる。

マンションの住民全員が努力して竹村家を無視する日々が続いた。

そんなある日、痛ましい事件が起こってしまった。

十六歳になったばかりの少女がベランダから飛び降り自殺をしてしまったのである。

普段通り学校に行ったはずなのに、いつの間にか帰宅していたらしい。

激しい激突音に驚いた住民が外に出てみると、駐車場でうつ伏せに倒れている少女がいた。

地面に激突した後も、しばらくは息があったようで、数メートルほど這った跡が残っていたという。

これが発端であった。

事件から七日後の早朝、マンションに再び激突音が響き渡った。

飛び降りたのは、母親になったばかりの女性である。女性も前回の少女と同じく、死ぬまでの数秒を使って移動していた。

僅かの間に理由が分からない自殺が続き、住民達は言い様のない不安に包まれ、マンション内に噂が飛び交うようになった。

竹村家が原因ではないか。その証拠に、自殺した二人は死ぬまで身体を引きずって竹村家を目指していたではないか。

その推測を裏付けるように、三人目の自殺者が現れた。

今回は飛び降りではない。首吊りである。三階に住む働き盛りの男性が、竹村家の塀に縄を掛けて死んでいた。

長谷川さんは再度、販売業者を訪ね、住民の不安をぶつけた。

あんた達は何か知っているのではないか。一体、あの家には何があるのだ。

怒りを露わに迫る長谷川さんに向かい、担当者は頭を下げ、我々も困惑していると言うだけであった。

とにかく、何か自衛手段を講じなければならない。

長谷川さんを中心に据え、住民達は必死になって情報を集めようとした。

住民同士で金を出し合い、高名なお祓い師に頼もうと提案する者もいたが、一部の住民から反対されて実現には至らなかった。

反対した住民は既に転売相手を探し始めており、その障害になると考えたらしい。

結局、ある程度の情報を手に入れてきたのは、それぞれの家の子供達であった。

学校では既に評判になっていたのだ。

この地域で生まれ育った人間からすると、駅裏は絶対に住んではならない場所だというのだ。

全ての原因は、やはり竹村家であった。

もう一つ驚くことに、事情を知る者は全員が「あの家」と呼んだ。決して固有名詞を出そうとしないのだ。

名前を出すことは最大の禁忌であった。

それ以外にも禁忌がある。

あの家を見てはいけない。

あの家に近付いてはならない。

こうやって話題にすることすら、本当は禁じられている。

「一刻も早く逃げたほうがいいよ。それが無理なら、あの家が見える場所に近付かないほうがいい。あの家が見えるってことは、あの家からも見られてるってことだから」

級友達はそう言って、二度とその話題に触れようとはしなかったという。

長谷川さんは住民達と共同で、高い塀を建てた。これで低層階の者は安心である。

高層階に住む者は、ベランダの下部を覆って下が見えないようにした。

それと何よりも、竹村家のことは話題にしないと申し合わせた。

一旦はこれで治まったかに見えた。


だが、しばらくして四人目の死者が出た。

低層階に住む老人である。

竹村家の敷地に入り、自らの喉を突いて命を絶っていた。

長谷川さんは、話の最後にこう言った。

「条件が変わったんでしょうね。例えば——名前を知っている者全てとか」

指折り数えて

宮崎さんの義母は、誰もが目を瞠る指輪を持っていた。

大粒のサファイアである。見事なまでに青い。その青の中に藍色の矢車草が咲いている。

正に小さな芸術作品であった。

義母は、亡夫からの贈り物であるそれが何よりも自慢だった。普段は手提げ金庫に保管しているのだが、冠婚葬祭には必ず持ち出してくるのだ。

そんな場面で義母と向かい合うとき、宮崎さんの視線はどうしても指輪に行ってしまう。

正直な話、欲しくて欲しくて堪らなかったという。

その気持ちを知ってか知らずか、義母は舞うような手つきで指輪を見せつけては、宮崎さんに訊ねる。

「裕子さん。この指輪、欲しい？」

欲しいに決まっているではないか。畜生、何て嫌な女だ。気持ちが顔に滲み出たのだろう、義母は大袈裟に肩を竦めた。

「おお怖。怖い目ねぇ、裕子さん。でもね、残念だけどあげられないのよ。あたしが死んだら、一緒に燃やしてもらうわ」

そう言い放ち、またしても舞う。目の前でチラつく藍色の光を、宮崎さんは狂おしく見つめた。

絶対に手に入れられないもの。そう諦めていた宮崎さんに、思わぬ機会が訪れた。

義母が心臓発作で救急搬送されたのである。担当医は、今日明日が山場だと告げた。

宮崎さんは、付き添いの用意をすると言い残し、家に急いだ。

到着するや否や、コートを脱ぐ手間も惜しんで指輪を捜し始める。

意外にあっさりと手提げ金庫は見つかった。というよりも、ベッドの下に転がっていたのだ。しかも蓋が開いている。

だが、期待は裏切られた。金庫は空だったのだ。

タンス、鏡台、衣装ケース、全てひっくり返したが見つからない。

――くそ、あの婆ぁ、何処に隠したのよ。

呟きはいつしか怨嗟の声に変わる。宮崎さんは尚も捜し続けたのだが、どうしても見つからない。

あまり遅くなるのもまずい。宮崎さんは後からゆっくり探そうと決め、病院に戻った。

指輪は、意外な――けれど当然の場所にあった。

義母の指である。

心臓発作の中、それでも義母は指輪を手放さなかったのだ。

薬指に填めた瞬間、気を失ったのだろう。

何とかして取り上げたかったが、不可能だった。

義母は、指輪を填めた手を固く握りしめていたのだ。

治療の妨げにもなりかねないのだが、握りしめた拳は、容易なことでは解けそうにない。

その夜、義母は再び目を開けることなく逝ってしまった。


急な死であり、何の用意もできていない。互助会に入っていたはずだと叔父が言い出し、宮崎さんの夫とともに家捜しに戻った。

薄暗い安置室で、宮崎さんは義母と二人きりになった。

今しかない。

宮崎さんは、意を決して義母の遺体に触れた。

まだ微かに温かい。握り拳を開かせようと試みたが、どう足掻いても開かない。固く握りしめられたままだ。

早くしないと、家人が戻ってくる。気ばかりが焦る。

誘うように指輪が青く光る。

宮崎さんは、深く呼吸し、覚悟を決めた。

義母の薬指を握り、思い切り力を込める。

枯れ木が弾けるような軽い音を立て、指が折れた。

こうして宮崎さんは、夢に見るほど欲しかった指輪を手に入れたのだ。

折った指を無理矢理元に戻し、何食わぬ顔で座っていると夫達が帰ってきた。

葬儀社を何処にするかで揉めている。

ざわついた雰囲気のおかげで、指輪がなくなったことに気付いた者は現れず、義母の遺体は葬儀社によって自宅へと搬送された。

翌日、義母は荼毘に付されたが、指輪のことは話題にすら上らなかった。


初七日が終わり、いつもの日常が戻ってきた。

親戚縁者や家族の前で見る訳にはいかないが、一刻も早く自分の指に填めたい。

夫を見送り、宮崎さんはいそいそとドレッサーに向かった。

引き出しの奥に隠してある指輪を取り出し、うっとりと見つめる。

そっと口づけしてから、右手の薬指を通した。

義母の真似をして、ゆらゆらと舞うように手を動かす。

その途端、激痛が走った。

何もしていないのに、薬指が折れたのだ。

見慣れない方向に向いた薬指を見て、宮崎さんは悲鳴を上げた。

救急搬送された病院で、何をしていてこうなったか問われたが、答えようがない。

何処かにぶつけたのかもしれない、と言うのが精一杯だった。

夫には、転んで手をついたときに折ってしまったとごまかす。

深夜、自分の薬指と指輪を交互に見つめながら、宮崎さんは義母の顔を思い浮かべたという。


一カ月後、ようやく薬指のギブスが取れ、どうにか動かせるまで回復した。

少し細くなった指を見て、宮崎さんはまた指輪を填めたくなってきた。

やはり、いつ見ても美しい。

深く溜め息をつき、そっと薬指を通した。

二度と味わいたくなかった激痛が、再び宮崎さんを襲った。

またしても薬指が折れている。

宮崎さんは悲鳴を上げながら、ただぼんやりと指輪を見つめるしかできなかったらしい。


二度と見たくない。

そう心に誓っても、何カ月か経つと我慢できなくなる。

その都度、指に填めたいという欲求を必死で抑える。

売り飛ばしてしまおうかとも考えたが、それすらできなかった。


指輪は今でも手元にある。

欲望に負け、あれから二度、指を折ったという。

いっそ、薬指を切り落としてしまえば楽かも。

宮崎さんは、そう呟いて己の指をじっと見つめた。

鬼顔の母

野本さんの仕事は警備員である。とある商業施設の守衛室に勤務している。
二十四時間の二人体制だ。同僚の一人に荒木という年配の男性がいた。
荒木は後何年かで年金を受け取る年齢だが、元気そのものである。
大学進学を機に故郷を離れ、それ以来ずっと一人で暮らしてきたという。
今現在は京都市内のアパートで寝起きしている。
父親は他界し、残る母親の世話をしているのは弟夫婦らしい。
出勤してきた荒木は、その母親が倒れたという連絡を受けた。
暗い表情で言うには、内臓系の病気で長くはないだろうとのことである。
が、暗い表情の理由は他にあった。
荒木は、その理由を愚痴り始めた。
要約すると二つ。
一つ目、助かる訳でもないのに、帰るだけ交通費が無駄。
二つ目、故郷を出てから面倒を見てもらったことがない。だから自分も親の面倒を見る必要はない。

野本さんは呆れて声も出なかったのだが、それを良いように判断したのか、荒木は尚も滔々《とうとう》と愚痴り続けた。

帰省費用が勿体ないと言うが、荒木は節約を極める暮らしを何十年も続けており、かなりの額を貯めている。自慢げに通帳を見せられたこともある。

その点をやんわり指摘すると、途端に荒木は言い返してきた。

これは退職後の生活を維持する為の費用だ、何で死ぬ奴の為に使わなきゃならんのだ。

その答えを聞いた時点で、野本さんはまともに相手するのを止めたという。

荒木はその日の当務を終始愚痴りながら勤め、翌日故郷へ旅立った。

四日後の当務で顔を合わせたのだが、何やらふさぎ込んだ様子である。

さすがに母親が心配なのだろうなと案じ、野本さんは優しく話しかけた。

「参ったよ。何だか持ち直しやがってさ。もしものときはまた帰らにゃならん。一遍に終わらせてくれたら、交通費も一度で済むのに」

要するに早く死ねということである。

人でなし、鬼畜、外道、様々な言葉が頭を過ぎり、野本さんはまたもや言葉を失った。

それから一カ月のち、本人の言葉通りに荒木は再び帰省した。

一週間後。

出勤した野本さんは、前を歩く荒木に気付いた。

見知らぬ老女と二人連れである。

和服姿で髪の毛を引っ詰めている。

老女は、せかせかと歩く荒木に遅れず付いていく。

守衛室に到着するまで、荒木は一度も振り返らなかった。

遅れて到着すること数分、野本さんも守衛室に入った。

荒木は既に制服に着替えていた。

その後ろに先程の老女がいる。柔和な顔を見せて立っている。

「荒木さん、その人は？」

返事がない。振り向きもしない。

「荒木さん」

「うるさいな、聞こえてるよ。いいからほっといてくれ」

腹に据えかねる言い様である。

普段、温厚な野本さんも思わず声を荒らげた。

「守衛室は部外者入室禁止だろ」

二人の言い争いが聞こえたのか、前日の当務を終えた二人が更衣室から出てきた。

「どうしたんですか、野本さん」

「いや、荒木さんが無断で部外者をな」

「部外者？」

「そこにいるだろ、受付のカウンターの横。見たことない婆さんだよ」

野本さんの肩越しに受付を覗き込んだ二人は、そのままの体勢でもう一度訊いた。

「何処ですって？　誰もいませんよ。荒木さんだけだ」

何を言ってるんだ、この人は。

二人の顔にそう書いてある。同じ台詞を顔に貼り付け、野本さんは振り向いた。

いるじゃないか。何でこいつらにはこれが見えないんだ。

こんなにハッキリと……。

ハッキリとはしていなかった。輪郭が時々ぼやけるのだ。

「すまん。何でもない。お疲れさん、後はやっとくから」

二人が出ていった後、野本さんは制服に着替えて荒木の隣に座った。

背後の老婆は相変わらず穏やかなままだ。

あまりにも自然体のせいか、その時点では恐怖は感じなかったという。

そこに年寄りが一人いる、とでもいった感じだった。

とはいえ、このままにはしておけない。

野本さんが口を開いた瞬間、荒木が先を制して言った。

「分かってる。見えたのはおまえで三人目だ。その婆さん、俺の母親だよ」

薄々そうではないかと考えていたのだが、いる理由が分からない。

が、その疑問を口に出すと、背後の老婆が何か喋りだしそうである。そうなるとさすがに怖い。

野本さんの不安を感じ取ったかのように、荒木が言葉を足した。

「何で付いてきたか分からん。まぁ、俺には見えないからどうでもいいけどな。あまり鬱陶しいようならお祓いにでも行くさ」

罰当たりなことを荒木が言い終えた途端、背後の雰囲気が変わったという。

両肩にずしんと重みが加わる。驚いた野本さんが振り返ると、先程まで穏やかだった老婆から表情が消えていた。

感情が読めない顔で荒木を見下ろしている。

「死ぬ前も厄介掛けて、死んでからも面倒臭い。子供に迷惑かけるのも程々にしろってな」

荒木が悪口雑言を重ねるにつれ、無表情だった老婆は変化していった。

目を吊り上げ、歯を剥き出して荒木を睨みつけている。

鬼。

野本さんの頭には、その一言しか浮かばなかったという。

荒木の愚痴は尚も続き、鬼の顔は厳しさを増していく。

既に施設は開店しており、従業員や納品業者が引っ切り無しに守衛室の前を通る。

立ち止まってこちらを凝視する者が何人かいた。

これはクレームになると確信した野本さんは受付業務を荒木に任せ、その日一日を店内巡回に充てた。

この場から離れていたいという思いもあったという。

歩き回らなくて済むのが嬉しいのか、荒木は御満悦である。

背後に立つ鬼の顔の母親のことは、毛ほども気にしていないようだ。

野本さんの意に反し、その日は人事担当者からの呼び出しはなかった。

それでも、従業員の間では密かに噂が出回っているらしく、野本さんに直接訊ねる者も現れた。

このままでは遅かれ早かれ、問題になるのは間違いない。

事が事だけに誰にも相談ができない。

ありのままに言ったところで笑われるのがオチだ。

己も素知らぬ振りを装えば良いのだが、どうしても鬼顔の母親が目に入ってくる。

野本さんはほとほと困り果てた。


悩み始めて一週間後、問題はあっさり解決した。

荒木に転任命令が出たのである。

この一週間の間、荒木は立て続けに致命的なミスを犯していたのだ。

正面ドアの解錠を忘れたり、意味もなくエスカレーターを緊急停止させたり、一つ間違えば大きな損害を与えるところであった。

いい加減な性格ではあるが、仕事上のミスは滅多にしない男である。

理由を訊いても、今一つ判然としない。

しかしながら、後ろにいる母親が影響しているのは間違いなかった。

横目で確認すると、やはり鬼の顔は治まっていない。

野本さんは、荒木に心底から忠告した。

一連のミスは、お母さんが怒っているからではないのか。

今からでも遅くないから、お母さんの供養をしてあげたらどうだ。
自分だって、いざという時はお祓いをすると言ったではないか。
折角の提案を荒木は鼻で笑った。
「そんなもんに使う金なんかない。ドブに捨てるほうがまだマシだ」
鬼の顔が更に進化した。
怒りなどという生易しいものではない。
憎悪と表現するのも緩い。
それを見た途端、野本さんは強烈な吐き気を催し、便所に逃げ込んだ。
自分のロッカーを整理し終えた荒木は、挨拶すらせずに守衛室を出ていった。
母親も負ぶさるように付いていく。
見送るのも嫌になり、野本さんは顔を背けた。
三週間後、野本さんの元に上司が巡察にやってきた。
訊きもしないのに、上司は荒木の現状を話しだした。
荒木は何処の現場も勤まらない為、自宅待機を命じているそうだ。
いわば飼い殺しの状態だ。

噂をすれば影である。

その日の夕方、久しぶりに荒木が現れた。

もう一度この現場に戻れるよう、口を利いてくれないかというのが用件である。

野本さんは、荒木の泣き言を俯いたまま聞き流した。

依然として母親が背後に憑いているようだ。

視界の片隅に和服が見えた。

きっと凄まじい顔に違いない。

野本さんは恐る恐る母親の様子を窺った。

鬼の顔ではない。

もう、顔ですらなかった。

首の上にあったのは、闇が固まったような真っ黒な塊だった。

見てはいけないと思いながらも、どうしても目が離せない。

散々言い尽くして荒木が帰っていった後、野本さんはしばらく立つことすらできなかったという。

結局、荒木は会社を辞めた。

故郷に戻る気がないのか、或いは戻れないのか分からないが、今でも京都で暮らしている。

自宅近辺の商店街をうろつく姿が何度か目撃されている。

沢山のお守りを首から提げ、ふらふらと歩いていたそうだ。

群れる秘仏

曽根さんは寺社建築の専門業者である。

一昨年の春、関西地方のとある寺から見積もり依頼を受けた。

内容は本堂の改修工事。

かなり前に一度だけ、二代目だという住職から門の補修工事を請け負ったことがある。

田舎の小さな寺だったが、人好きのするその顔はすぐに思い出せた。

今回は本堂であり、決まれば大きな金額が動く。

曽根さんは勢い込んで現地に向かった。

久しぶりの寺を見て、曽根さんは眉を顰めた。何とも派手な門に変わっていたのである。

名園ありだの、重要文化財はこちらだの、安っぽい看板が林立している。

どう見ても自分が手掛けた門ではない。

場所を間違えたかと思ったぐらいだという。

厳粛、荘厳、品格などといった言葉から遠く離れた外観であった。

そもそもこの寺は、どの宗派にも属さない個人が作ったものだと聞かされていた。

いわゆる単立の寺と呼ばれるものだ。

資産家だった先祖が地域の為に建立したのだと住職は言っていた。

その言葉に相応しく、誰でも気安く入れるような寺であったのを覚えている。

曽根さんは数多くの寺を見ている。経験上、このような外観を好む住職がどのような人物か想像できたという。

一言でいうと拝金主義者である。

その予想は的中した。

現在の住職は三代目、正式な修行はしていないらしい。

寺を案内しながら、「これは有名な彫刻家に作らせた像で」とか「この石は、わざわざ四国から運んできた霊験あらたかなもので」等と自慢する。

子宝の黒牛、金運招来の恵比寿様、惚け封じの観音様まであるという。

言葉の端々から、自分の寺を観光地にしたい想いが溢れ出していた。

予想通りの人物である。

曽根さんは、適当に話を合わせながら本堂に向かった。

その間も自慢は止まらない。

歌手を呼んだだの、外車の展示会を開催しただの、住職というよりはイベント屋である。

その割りには、境内に人影がない。観光客どころか、地元の参拝者すら見当たらない。

当然ながらそこには触れず、曽根さんは本堂の改修について質問した。

「うーん、何て言えばいいのかな。地味なのよ。こう、パーッと目立つようにしてもらえたら」

そんなところだと予想はしていたが、あまりにも曖昧な注文であった。

こういう施主に限って、ありとあらゆる細かい点にダメを出してくるものである。

萎えかけてきた気持ちに活を入れ、曽根さんは三代目に話を合わせた。


本堂は昔のままであった。

隅々まで丁寧に作り込まれた一級品の建築物である。

かなりの腕を持つ職人を集めたことが、一目瞭然の仕上がりであった。

黒牛やら金ピカ恵比寿より、むしろこの本堂をメインに据えたほうが観光には良いだろうになと、曽根さんはしみじみ思ったそうだ。

そんな思いを踏みにじるように三代目は言った。

「何ならこれ、丸ごとリフォームしてくれていいから」

その為の資金は檀家から集めるという。

「それじゃ後はよろしく、好きなように調査して構わんよ」

そう言い残して三代目は立ち去った。

曽根さんは、ひとまず大きな溜め息を吐いた。今一度、本堂を見上げる。

本来なら保存すべき建物なんだがな、と愚痴をこぼしながら車に戻った。

まずは現場を撮影しつつ、建物の現状を確認する作業に移る。

道具を用意していると、近所の住民らしき老爺に話しかけられた。

「あんた、あの寺の工事を頼まれた人だろ。すまんが、少し顔を貸してくれんか」

そう言って、返事を待たずに歩きだした。

工事が始まれば、いずれ挨拶に行かねばならない。今のうちに顔を売っておくのは好都合だと判断し、曽根さんは老爺に続いた。

老爺の家には、何人かの住民達が集まっていた。

全員が険しい表情である。

これは一悶着あるなと曽根さんは腹を据えた。

先程の老爺は安岡と名乗り、寺が抱える問題点を打ち明けた。

二代目の住職が存命中は平穏無事だったのだが、三代目に代わってから状況は一変したそうだ。

地域住民の信仰対象のみならず、癒しの場でもあった寺だが、三代目のせいで全て台無しになろうとしている。

安岡が口火を切ったと同時に、全員が一斉に鬱憤を吐き出し始めた。

「年に何度も寄進を求めよる」

「使い道を公開したことなんぞあらへん。やりたい放題や」

「あの黒牛、三百万するらしいで」

「うちの婆さん、田畑売って金作りよったがな」

文句の集中砲火をまとめると、要するに三代目は金に汚いということである。

人間として屑であり、一刻も早くこの村から追い出さねばならないとまで言い切る者もいた。

まだ言い足りない様子の一同を制し、安岡が本題に入った。

工事は請け負ってくれても構わない。ただし、着工するまで二週間ほど待ってほしい。

その間に、村の者で決着は付ける。

それと――。

「屋根裏には上がらんように」

安岡がそう言った途端、その場にいた全員が笑みを浮かべた。

曽根さんに異論はなかった。むしろ、事情を聞いた時点で仕事を続けていく気力が萎えてきたらしい。

とにもかくにも、揉め事が収まらない状態で工事を始めるのは得策ではない。

曽根さんは一も二もなく了承したという。


寺に戻った曽根さんは、とりあえず撮影だけは済ませておこうと本堂に向かった。

どう転んでも対処できるように、土台だけは固めておくつもりで撮影していく。

所々に現れる確かな技術に感心しながら進めていくうち、曽根さんは屋根裏が気になってきた。

いずれにせよ、屋根裏の確認も必要なのは確かだ。

安岡がどういう意図で上がるなと言ったのか分からないが、少しぐらいなら構わないだろうと判断し、曽根さんは脚立と投光器を持ち込んだ。

天井板を丁寧に外し、上半身を入れる。

太い梁が交差する空間には、長い間積もりに積もった埃が舞っている。

かなり広い。奥のほうは闇に隠れて見えない。

差し入れた投光器を点けた。

強烈な光が屋根裏全体を照らす。

そこに現れた光景に、曽根さんは生まれて初めて絶叫したという。

沢山の老人がいる。

びっしりと隅々まで埋まっている。

梁に座る者、天井板に立つ者、様々である。

全員が無表情のまま、口中で何やら唱えていた。

中の一人に見覚えがある。

黒染めの僧衣に人好きのする顔。二代目の住職であった。

二代目は、無言のまま曽根さんに会釈してきた。

そこまでが限界であった。曽根さんは無我夢中で投光器を引きずり出し、天井板を元通りに戻して脚立から滑り落ちた。

恐る恐る天井を見上げる。

あれだけの人数がいるにも拘わらず、天井板は揺らぎもしない。

寺を出るとき、曽根さんは既に工事を断る決意を固めていたという。

その後のことは風の噂に聞くだけである。

寺は二代目の頃の状態に戻ったそうだ。

住職は現在、募集中である。

三代目は突然の不幸で亡くなったとのことだ。

本堂でお勤め中に、頭を押さえて嘔吐し、昏睡状態に陥ったまま目覚めなかったらしい。

十五年の影

その日、帰宅した遠藤さんを嬉しい知らせが待っていた。

奥さんの千鶴さんから、妊娠を告げられたのだ。

結婚三年目にして待ちに待った報告である。遠藤さんは思わず千鶴さんを抱きしめて歓声を上げた。

その瞬間、窓際に煙が浮いているのに気付いた。

蚊柱に似た、もやもやした塊だったという。

確認しようと近付いた瞬間、煙は消えてしまった。

これが始まりであった。

それ以来、毎日のように煙が現れては消える。現れる時間は決まっていない。

消える時間もまちまちだ。すぐに消える日もあれば、終日いるときもある。

どうやら見えているのは自分だけのようだ。千鶴さんは全く気付いていない。

すぐ近くに浮いているときもあるのだが、千鶴さんは何も反応しないのである。

遠藤さんの自宅は、千鶴さんの実家のすぐ側にある。

千鶴さんの御両親は頻繁に訪ねてくるのだが、その二人にも見えていない。
遠藤さんが真っ先に疑ったのは、自らの目の病気である。
飛蚊症だろうと自己判断したのだが、診断の結果に異常は見られなかった。
では一体、あれは何なのか。
千鶴さんが安定期に入る頃、その答えが分かった。

日曜日の朝、遠藤さんは千鶴さんと散歩に出かけた。
自宅から少し離れた公園に向かい、ゆったりと歩いていく。
しばらくして遠藤さんは、千鶴さんの真横にいる何かに気付いた。
思った通り、例の黒い煙である。だが、いつものような煙ではなかった。
少女の形になっているのだ。
淡い影絵のようなものだが、それでもポニーテールとスカートは分かる。
千鶴さんが歩くと影も動き、止まると影も止まる。
千鶴さんの様子におかしなところはない。草花を愛でながら散歩している。
影のことを言うべきか思案しているうちに、公園に着いてしまった。
千鶴さんはベンチに座り、産まれてくる我が子の為に編み物を始めた。

性別は女の子と分かっている為、編んでいるのも可愛らしい靴下だ。

そんな千鶴さんの前に、影が浮かんでいる。

遠藤さんは、恐怖よりも怒りが湧いてきたという。

さりげなく追い払おうと立ち上がったとき、犬を連れた女性が話しかけてきた。

同じ町内の奥山さんである。

かなり昔からの住人であり、千鶴さんにとって近所のおばさん以上の存在だ。

遠藤さんも笑顔で会釈したのだが、その僅かな隙に影はいなくなっていた。

その日を境に、影は完全に少女の姿を取るようになり、出現する間隔も短くなってきた。

遠藤さんは誰にも相談せず、一人きりで事態の収束を試みた。

どうせ信じてくれないだろうし、特に凶悪なものとは思えなかったからだという。

除霊の方法を調べ、お札を購入し、ありとあらゆる手段を講じてみたのだが、少女は消えるどころか徐々に濃くなってくる。

産み月を迎える頃には、顔が分かってきた。

顔面の比率からすると顎が異様に大きい。全体的に引き攣っている。

長くは見ていられない顔であった。

一体この少女は何者なのか。何故、この家に現れるのか。

千鶴も自分も、このような相手に取り憑かれるような人生は送っていないはずだ。

考えれば考えるほど腹が立ってきた遠藤さんは、思い切って千鶴さんの両親に相談した。

信じてもらえないとは思いつつ、自分なりに少女を描いた紙を見せる。

長い沈黙の後、義母のほうがその紙を破り始めた。

義父は黙ったままだ。

結局、何一つ進展せず、その夜は終わった。


翌朝、千鶴さんは破水し、産院に向かった。車に乗る寸前まで、少女は千鶴さんの側に佇んでいた。

義母がそっと訊ねてきた。

あの子はまだ側にいるのか、と。

いると答えると、義母はそれきり黙ってしまった。

千鶴さんがベッドで横になるのを待っていたかのように、再び少女が現れた。

少女は千鶴さんの腹部を見つめている。

じっと見つめている。

いよいよ分娩室に向かうときがきた。

その瞬間、少女は笑った。引き攣った顔で分かりにくかったが、確かに笑った。

産まれた我が子は、あの少女に瓜二つだった。

遠藤さんは嫌悪感を必死で抑えつけ、育児を続けた。本音を言うと、見たくもなかったという。

ある日のこと、奥山さんがそっと近付いてきて言った。

「あんたの子供、石津さんとこの瀬里奈ちゃんにそっくりだわね」

奥山さんは嬉しそうに事情を話してくれた。

瀬里奈という子は、生まれつき障害があり、それをネタに酷いイジメに遭っていた。

その先頭に立っていたのが千鶴さんであった。

瀬里奈は中学を卒業することなく自殺したそうだ。

「どうやってだか知らないけど、うまいこと揉み消したわねぇ」

遠藤さんは、千鶴さんを問い詰めた。

「石津瀬里奈って子を知ってるか。おまえが自殺に追い込んだってのは本当か」

千鶴さんは、無表情のままテレビを見続けている。

泣きだした我が子を見向きもせずに呟いた。

「ぴーぴーうるせぇよ化け物」

その夜、遠藤さんは家を出た。

もう半年になるのだが、千鶴さんがどうしているか知ろうともしない。

包囲網

病院へ急ぐ車の中で、松本さんはここ最近起こった出来事を反芻していた。

まずは自分自身の交通事故だ。四週間の入院で済んだが、一歩間違えれば死に至るところだった。

次いで、飼い犬の死。家族の一員になってまだ三カ月しか経っていなかった。原因は未だに明らかではない。恐らく、先天的に弱い体質だったのだろうと獣医は説明した。

悲しみからようやく立ち直りかけた頃、次の不幸が訪れる。

妻の母が癌と診断され、半年も経たずに旅立ってしまったのだ。苦しみ抜いての死であった。

不幸の連鎖は、まだ終わりではなかった。

それを証明するように起こったのが、今回の娘の事故である。

集中治療室の待合で、松本さんの奥さんは身を捩って泣いていた。

それほど酷い容態なのか。覚悟を決め、松本さんは話しかけた。

かった。

「亜佐美。しっかりしろ、美緒はどうなったんだ」

しゃくり上げるばかりで返事ができそうにない奥さんを残し、松本さんは詰め所に向かった。

研修医らしい男性が丁寧に教えてくれた内容は、松本さんを呆然とさせた。

娘は左の眼球を失っていた。外で遊んでいる最中、思いがけない場所にガラス瓶の破片が捨ててあったらしい。転んだ拍子に刺さったというよりは、えぐれたのだという。

娘は、まだ僅か五歳である。今後の人生を想い、松本さんも声を上げて泣いた。

再婚してすぐにできた子供であった。前妻との間には子供ができず、松本さんは待望の我が子を溺愛していたのだ。

見舞いに訪れた松本さんの母にとっても、かなりの衝撃だったらしい。

いつもならネチネチと嫁いびりが始まるのだ。放っておくと、憎たらしい嫁が産んだ子供なんか顔も見たくないとまで言うのだが、さすがに今日ばかりは悪態を抑えている。

その代わり、妙なことを口走った。

「やっぱりあの人、呪ってるのよ」

何のことだと訊きかけて、松本さんは思い当たった。

「奈美子か」

別れた前妻である。異常なほど嫉妬心の強い女であった。同僚からの仕事の電話やメールすら浮気と思い込み、勝手に携帯を調べたりもした。

結婚生活の末期には、いつも身体の何処かしらに包帯が巻かれてあった。

自傷行為であろうことに疑問はなかった。

かなり深く切るらしく、包帯から血が滴り落ちることもしばしばだった。

離婚の決め手になったのは、奈美子が起こした事件である。

――私に子供ができないのは、きっとあなたの浮気相手が呪いを掛けているからよ。

松本さんの同僚の女性の家に怒鳴りこんだ奈美子は、カッターナイフを振り回して逮捕されたのである。

離婚が成立し、家を出ていく日。

「呪ってやる。あんたとあんたの家族を不幸にしてやる」

振り絞るように言い残し、奈美子は姿を消した。


それにしても、と母が呟いた。

「子供まで狙わなくてもねぇ」

馬鹿げていると一笑に付したかったが、可能性は否定できない。

言われてみれば、確かに呪われたかのような出来事が続いている。

とにかく、気になるものは全て調べていこう。

容態が落ち着いてきた娘を母に任せ、松本さんは亜佐美さんを連れて帰宅した。

疲労困憊《こんぱい》の様子を見せる亜佐美さんを寝かせ、家捜しを始める。

まずは台所。綺麗好きの亜佐美さんは、いつでもキッチンの隅々まで磨き上げている。

何かおかしなものがあれば、たちどころに分かるはずだ。だとすれば、あまり目に付かない場所、例えばレンジフードの裏側とか。

頭を突っ込んでみる。

何も見当たらない。

「馬鹿らしい、やっぱり考え過ぎだよな」

自嘲の笑みと独り言が溢れた。とりあえずコーヒーでも入れるかと、振り向いた松本さんの視線が柱から動かなくなった。

天井近くに火避けの御札が貼ってある。もう何年もそのままだ。

年毎に改める必要があるのだが、いつの頃からか面倒になり止めてしまっていた。

見ているうち、胸の奥がざわついてきた。

椅子に上がり、色褪せた白い和紙に包まれた御札を剥がす。

思わず息を飲んだ。

中から出てきたのは御札ではなかった。干した肉である。

乾いてはいるが、微かに腐敗臭を纏ったそれには、皮膚が付着している。よく見ると、産毛が生えたままだ。

皮膚には、模様とも文字とも付かない傷が刻まれていた。


松本さんは他の部屋も徹底的に探し始めた。

奈美子の性格から考えると、仕掛けたのは一箇所だけとは思えない。他にもあるはずと考えたのだ。

果たしてその推理は当たった。

玄関の表札の裏や犬小屋の中、下駄箱の棚の裏側などから同じような御札が見つかった。

その数は二桁を超えた。

血が滴るほどの自傷行為には、明確な目的があったのだ。

室内も同様だ。壁掛け時計、ドレッサー、テレビ、本棚など、御札はありとあらゆる物に隠してあった。

最後に、松本さんは娘の部屋に向かった。

不思議なことに、この部屋からは一枚も見つからない。

絶対にあるはずと、松本さんは血眼で探し続けた。

そしてとうとう、最悪の物を見つけてしまった。

人形である。ビスクドールと呼ばれるアンティークな人形が、枕元に飾られている。

まじまじと人形を観察した。何処と言って気になる点はない。

持ち上げて、更に細かく調べる。服を脱がせてみた。

「あった」

思わず大声が出た。人形の背中に、今までとは異なる紙が貼ってある。

写真を切り抜いたものだ。七五三のときに撮影したものらしく、着物姿の娘が写っている。

にこやかに微笑む娘の左目に、針を突き刺したような穴が幾つも開いていた。

その写真とともに、何かの肉片がピンで留めてあった。

一度見た覚えがある。娘の臍の緒だ。

いつの間にか、背後に妻が立っていたことに松本さんは気付かなかった。

慌てて写真を隠したが、僅かに遅かった。

「それ……何なの？」

観念して事のあらましを述べる。発見した肉片も全て見せた。

「すまない。全部、あいつのせいだ。呪いなんてあるはずがないと思うんだが、ここまで揃うと」

――酷い、酷過ぎる。

松本さんは、そう言って泣きじゃくる妻を抱きしめるしかできなかったという。

翌日、松本さんは、知り合いに紹介してもらった寺に向かっていた。

落ち着いた風貌の住職に肉片と写真を見せると、顔色が変わった。

いずれにも、途轍もない量の念が込められているという。

できれば関わりたくはないのだが、これも縁と思い、何とかしてみようと引き取ってくれた。

それ以降、不幸の連鎖は止まり、平凡だが穏やかな日々が戻ってきた。

長かった入院生活も終わりを告げようとしていた。

暖かい陽光が差し込む待合室で退院の手続きを待つ松本さんの携帯に、あの住職から電話が入った。

『肉片と写真は、関係がないように思う。何というか、念の質が違う』
まだ油断してはならない、住職はそう言って電話を切った。
念の質が違うとは、どういうことだ。
松本さんは、携帯を握りしめたまま考えた。
――ああ、そうか。
あの写真は七五三だった。
奈美子が持っているはずがない。
あの写真を持っているのは、我が家と妻の実家、それと――。
松本さんは、ゆっくりと顔を上げた。
目の前に、母が座っている。
母は、歯を剥き出して笑っていた。

仏の退職

堀田さんの職場には仏がいる。

江本さんという男性なのだが、誰に対しても常に誠心誠意の対応を心がけ、何をされても優しく微笑み、怒ったところを見たことがない。

そのせいか、陰口を叩く者は一人もおらず、皆が【仏のエモさん】と呼んで親しんでいる。

堀田さんは、それがどうにも不思議で仕方なかったという。

誰だって、何か腹の立つことがあるはずだ。

嫌いな人間もいなければおかしい。

その江本さんが早期退職の道を選び、送別会を開くことになった。

常日頃思っていたことを訊ねる最後の機会だ。

送別会が進み、話が一段落したところで松井という男が進み出た。

松井は普段から江本さんを馬鹿にしていたのだが、最後の絡み納めと決めたらしい。

「江本さん、その仏の笑顔の下には鬼が隠れてんじゃないんすか」

無礼講とはいえ失礼この上ないのだが、それでも江本さんは笑っている。

秘訣を教えろと執拗に絡み挑発を繰り返す松井を、のらりくらりと受け流していた江本さんだったが、何を思ったか唐突に話しだした。

「よし分かった。今日で最後だから教えてあげようかな。実はね、お守りがあるんだよ」

ビールで喉を湿らせた江本さんは、一拍置いてから思いがけない話を始めた。

「中学生のときに好きだった子が自殺してね。早智子ちゃんっていう優しい子だった」

酷いイジメだったらしい。

イジメの首謀者である児島という少年は、地域でも有数の裕福な家庭に生まれ、仲間も多く、やりたい放題の毎日だった。

身体の小さい江本さんでは相手にもならない。

イジメを見ているしかなかった。

早智子ちゃんが自殺という解決策を選んだと知り、自分の弱さに腹が立って仕方なかった。

何とかして復讐したいが、どう考えても無理だ。

とにかく謝らねば、そう考えた江本さんは葬儀に参列しようと決めた。

ところが、児島はそれすらも禁じた。

葬式に行った奴は次の餌食にする、そう宣言したのだ。

江本さんは、散々迷った末に参列を諦めた。

せめて墓参りだけでもと思い、ほとぼりが冷めるのを待った。

結局、実際に向かったのは一カ月後である。

花も線香も用意できなかったが、掃除するつもりで清潔な布は持ってきた。

葬儀が行われた寺に着いた江本さんは、隣接する墓地を探し始めた。

一つずつ名前を見ていけば分かるだろうと思ったのだが、結構な数の墓石が並んでいる。

住職に訊こうと本堂に向かった江本さんは、誰かに呼ばれた気がして振り向いた。

少し離れた場所に早智子ちゃんが立っている。

恐怖で身体は震えるが、心は懐かしさに揺れた。

早智子ちゃんは優しい笑顔を残し、ふわりと消えた。

その笑顔がなければ逃げ帰ったかもしれない。

あそこに早智子ちゃんの墓があると確信した江本さんは、ゆっくりと歩を進めた。

真新しい墓があった。

枯れ始めた花が風に揺れている。

香炉の上には鉛筆と消しゴムが置いてあった。

それを見た瞬間、涙が溢れて止まらなくなったという。
江本さんは、思わずその場に土下座した。
頭を地面に擦り付け、自らの非力さを詫びた。
その前に何かが落ちてきた。
見ると、香炉の上にあった消しゴムである。
拾い上げた途端、今度はハッキリと声が聞こえた。
「来てくれてありがとう。それ、お守りにして。私が守ってあげるから」
江本さんは消しゴムを握りしめ、何度も頷いた。

ここまで話した江本さんはビールを飲み干して、軽く溜め息を吐いた。
「さて、それからなんだよ。今度は僕自身が攻撃目標になっちゃってね」

寺に入るところを見られていたらしい。
児島の執拗な攻撃は一日中続いた。
自殺したら早智子に会えるぞとまで言われる。
それでもいいか、もう死んでしまおうかと諦めかけたとき、児島が言った。

「あの女なら、おまえでもやらせてくれるんじゃないか」
その言葉だけは許せなかった。
江本さんは、生まれて初めて本気で人を殺したいとさえ思った。
おまえのほうこそ死んでしまえ。
窓から飛び降りろ。
胸の中で叫んだ瞬間、児島が窓に向かって突然走りだした。
止める暇もあらばこそ、児島は大きく手を広げて窓から飛び出した。
遺体は、三階から落ちたとは思えないほどの損傷を受けていたという。
それからしばらく、学校は混乱を極めた。
児島の自殺は、その親の徹底的な根回しにより、表に出ることはなかった。

二人死んでもイジメはなくならなかった。
むしろ、より陰湿なものへ変わったのだが、江本さんはその対象から外された。
あいつを怒らせると呪われる。
そんな噂が広まったからである。
噂を馬鹿にした何人もが挑発し、その全員に何らかの不幸が訪れた。

江本さんはイジメられる心配はなくなったが、同時に友達もいなくなった。

卒業するまで、早智子ちゃんから貰った消しゴムに話しかける毎日だったという。

高校ではイジメられることもなくなり、消しゴムも机の引き出しに入れたまま存在を忘れていた。

それを思い出させたのは、電車の中にいた中年男性であった。

泥酔した男性は、誰彼構わず因縁を付け、大声で喚いている。

実に鬱陶しい光景である。

綺麗な女性を見つけた男性は、その前に立ち、執拗に口説き始めた。

何とかしなくてはと思うのだが、足が竦んで動かない。

『くそ、あの酔っぱらい、死ねばいいのに』

江本さんがそう思ったと同時に、男性は胸を押さえて苦しみ始めた。

電車が駅に到着したときには、既に息をしていなかった。

まさかと思い、自分の鞄を探ると消しゴムが出てきたという。

消しゴムはその後も、江本さんから離れようとしなかった。

捨てようが燃やそうが、必ず出てくる。

「特に参ったのは、母親のとき。本当に何でもない口論だったのに、母さんなんて死んじまえって言ってしまって」

母親の葬儀を終えた江本さんは、消しゴムを捨てるのを諦めたそうだ。

「その日からずっと、戒めとして持ち歩いてるんだ。僕は怒らないんじゃない、怒ってはいけないんだよ」

そう言って江本さんは、懐から白い袋を取り出した。

「今もこうやって持ってる。さてと、僕は今日で退職する。松井君、今までどうもありがとう。最後に一言だけ言わせてもらうよ」

江本さんは、満面の笑みを浮かべて言った。

「おまえ、死ねばいいのに」

松井の担当業務は特殊な資格を必要とする為、失った穴を埋めるのが大変だったそうだ。

沈む人形

去年の夏、沖田さんは同僚の細川さんと女二人で旅行に出かけた。

行き先は沖田さんの故郷である。故郷といっても祖父母ともに既に死去し、叔母に当たる人がいるだけである。

美しい海だけが自慢の田舎だが、むしろそのほうが良いと細川さんが言ったのだ。

沖田さんにしてみれば願ったり叶ったりである。気心の知れた相手に、自分が生まれ育った町を案内するのは気恥ずかしくもあり、自慢でもある。

特にその相手が細川さんのように素敵な友人であれば尚更であった。

沖田さんが職場の人間関係で悩んでいたときに、声を掛けてくれたのが細川さんであった。

細川さんは相手がどのような人間でも、決して貶めず、かと言ってへりくだることもなく、まっすぐに対応する人である。

その為、味方も多いが敵もまた多いと聞く。けれど細川さんは、自分に対する根拠のない批判や悪口は歯牙にも掛けない。それもまた一つの意見と割り切る強さがあった。

そんな人との二人旅が楽しくない訳がない。

沖田さんは、細川さんと巡り合えた幸せを噛みしめながら故郷に向かっていた。
予約していた旅館は海のすぐ近くであり、窓から水平線が見渡せた。
美しい浜辺は今でも美しいままであった。
感動を素直に顔に出し、細川さんは海を眺めている。
別に自分だけの海ではないが、沖田さんは誇らしい気持ちで一杯だった。
「うん。来て良かった。この海は一生忘れられないわ」
そう言われて、沖田さんは思わず涙が溢れたという。
食事までしばらく散歩しようと決まり、沖田さんは先に立って歩きだした。
この辺りは中学、高校を通じてよく遊びに来ていた場所である。
沖田さんにとって、隅々まで熟知した庭であった。
海岸沿いをしばらく歩くと、崖の下に口を開ける洞窟が見えてきた。
細川さんが興味津々とばかりに近付いていく。
洞窟の入り口の壁に、小さな鳥居が刻まれている。
「鳥居があるってことは、この奥に神社があるの？」
沖田さんは言葉に詰まった。あることはあるのだが、正式なものではない。
加えて、かなり怖い場所なのだ。だが、既に細川さんは中に入ろうとしている。

沖田さんは慌てて説明を始めた。

確かに、この洞窟の奥に神社がある。

地元の人間でもあまり近付こうとはしない。

何故なら、その神社は呪いを専門としているからである。

行き止まりの壁をくり抜き、神社らしき建物が据え付けられている。

その前には小さな泉がある。深いが透明度は高く、懐中電灯で照らすと底のほうまで見えるという。

呪いたい相手がいる者は、この泉に自分で作ってきた人型の木片を浮かべるのである。

人の形をしていれば、素材は何でもいい。木の枝でも、カマボコ板でも、何なら割り箸を人の形に組み合わせても構わない。

ポイントは、作った人形の何処かに呪いたい相手の名前を書いておくことだ。

呪いが成就する相手なら、人形はじわじわと沈んでいくという。

その場合、相手は必ず水関連の事故で死ぬと言われている。

「まぁ、ハッキリ言って沈まないのよ、木なんだから。割り箸が沈むわきゃないでしょ。これは要するに、他人を恨む気持ちをここに捨てなさいってことだと思う」

その説明を聞いた細川さんは、是非やってみたいと言い出した。

そうは言っても、手元に木片などない。諦めきれないのか、細川さんは持っている鞄の中を探り出した。

「あ。これどうかな」

取り出したものを見て沖田さんは胸騒ぎを覚えた。細川さんが選んだのはツゲの櫛である。

実は、先程の話には続きがあった。本気で呪いたい相手がいる女性は、相手の髪をすいたツゲの櫛を浮かべるというのだ。

「ちょっと、それ勿体ないよ」

「沈んだら、でしょ。木の櫛が沈む訳ないじゃない」

細川さんは楽しげに微笑みながら泉に近付き、そっと櫛を浮かべた。

櫛は引きずり込まれるように急速に沈み、あっという間に見えなくなった。

重い沈黙が続き、ようやく細川さんが顔を上げた。

いつものように微笑んでいる。

「ああびっくりした。薩摩ツゲだから重いのかも」

そういうことにしておきたかった沖田さんは、何度も頷いて同意した。

「けど困ったわね。あの櫛、お母さんのだから。買って返さなきゃ」

洞窟を出て旅館に戻る道すがら、細川さんは心底楽しそうに今夜の計画を立て始めた。

食事して、お風呂に入ってからカラオケか。

それともカラオケを済ませてから寝る前にお風呂か。

「どっちにしても今夜は飲むわよ。酔いつぶれても家に帰んなくて済むんだし」

よかった。いつも通りの細川さんだ。

本当かどうか分からない言い伝えより、目の前の明るい笑顔を信じよう。

そう自分に言い聞かせ、沖田さんは先程の櫛の件を強引に忘れた。

その夜の二人は、予定通り浴びるほど飲んだ。沖田さんは酒に強いと自負していたが、
細川さんの足元にも及ばなかったという。


気付いたとき、沖田さんは無事に布団の中で寝ていた。

痛む頭を動かし、隣を見ると細川さんの布団はもぬけのからである。

広縁に灯りが点いているところを見ると、窓辺で夜の海でも眺めているのかもしれない。

沖田さんは、そっと身を起こしてみた。

やはりそうだ。細川さんは、窓辺の椅子に座って何か熱心にやっているようだ。

沖田さんは尚もじっくりと見つめた。テーブルの上に山積みにされているのは割り箸だ。

細川さんは、割り箸三本を器用に組み合わせ、わら人形のような形にしていた。

出来上がった割り箸人形に、顔を近付けて文字を書いているようだ。

そこまで見て、沖田さんは頭から布団をかぶって寝てしまった。

細川さんは、時々小さく笑っていたという。

翌朝、割り箸人形は一体も見当たらなかった。

旅の続きを無事に終え、二人はその日の夜遅く、自宅に戻った。


週が明け、職場で見かける細川さんは、いつも通りの笑顔であった。

むしろ、いつもよりすっきりした様子である。

沖田さんはその週の日曜日に、今度は一人きりで故郷に戻った。

何処にも寄らず、まっすぐにあの洞窟へ向かう。

手にしているのは強力な懐中電灯だ。

神社に到着した沖田さんは、その電灯を泉に向けた。

透明な水を切り裂き、光は水底を照らしている。

そこには、おびただしい数の割り箸人形が沈んでいた。

書いてある文字までは読めなかったという。

つい先日のこと。
細川さんは急な休みを取った。
義母が亡くなったとのことである。

唇と爪先

松下千穂さんの一つ違いの姉、小百合さんの話である。

小百合さんは、幼い頃から妹思いの優しい姉であった。学校の成績も良く、教師になるのが夢だったという。

大人しく穏やかな性格で、他人を押し退けたり、悪口をいうこともない。

千穂さんにとって、大好きな姉であり、手本となるべき存在であった。

一足先に中学生になった小百合さんは、テニス部に入り、帰りが遅くなるときもあった。

そんなときは、顧問の先生の指示により、方角が同じ者同士が固まって帰ってくる。

小百合さんは、その中の一人である武内という男子部員に恋をした。

何となく、そんな雰囲気を感じ取った千穂さんに訊かれ、そっと打ち明けてくれたそうだ。

夏休みに入り、小百合さんはいよいよ武内君に惹かれていった。

大人しい小百合さんが、精一杯の勇気を見せたのはお盆の前日である。

花火大会に誘ったのだ。小躍りする姉の様子に、千穂さんも心から嬉しくなったという。

当日の夕方、浴衣姿の小百合さんを見つめ、千穂さんは物足りなさを感じていた。

折角のデートだというのに、何て地味な浴衣だろう。

帯も手提げも濃紺。髪止めは緑。せめて、リップぐらい塗ればいいのに。

だが、松下家の女にとって、それは禁じられた行為であった。

松下家には、代々守られてきたしきたりがある。

初潮を迎えるまで、赤い色を身に付けてはならない。

いつ頃、誰が始めたかは不明だ。しきたりを破るとどうなるかも分かっていない。

何故なら、破られたことのないしきたりだからだ。

勿論、小百合さんも千穂さんも徹底している。服や靴、鞄などは勿論のこと、文房具や食器に至るまで赤いものは皆無である。

「それでも、今日ぐらいは真っ赤なリボンとかさぁ」

姉の気持ちを代弁するように、千穂さんは愚痴を漏らした。

小百合さんは、そんな千穂さんに真面目な顔で言った。

「何言ってるの。しきたりはしきたり。守らなきゃ。じゃあ行ってきます」

そう言い残して玄関を出た小百合さんは、すぐに振り返って千穂さんを呼び寄せた。

辺りに誰もいないのを確認してから、小百合さんは手提げ袋の中身を千穂さんに見せた。

「みんなには内緒」

袋の中には、まだ未開封の口紅とマニキュアが入っていた。

どちらも鮮やかな赤である。

「ちょっとだけならいいかなって。帰る前に落とすから大丈夫よね」

小百合さんは頬を染め、恥ずかしそうに微笑んでいる。

姉の可愛らしさに泣きそうになるのを堪え、千穂さんは笑顔で見送った。

その夜、遠くから聞こえてくる花火の音に耳を澄ませ、千穂さんは姉の幸せを祈ったという。

小百合さんは出かけたときと同じ姿で帰ってきた。

千穂さんに目配せし、唇と両手を見せた。それから小百合さんは、珍しく鼻歌を歌いながら風呂に向かった。


翌日。

松下家は小百合さんの悲鳴に起こされた。

驚いた家族が寝室に飛び込む。小百合さんはベッドの上で身を捩って苦しんでいた。

布団が血まみれである。

近付いた父親が呻き声を上げ、小百合さんの手を持ち上げた。

両手の指先が見当たらない。酷い臭いが漂ってきた。布団の上に指先らしい肉片が落ちている。

腐って落ちたようだ。

枕に顔を埋めていた小百合さんが、ゆっくりと上を向いた。

唇がない。歯が剥き出しになっていた。

初潮を迎えるまで、赤い色を身に付けてはならない。

それを破った結果が目の前にあった。

三日後、小百合さんは病院を抜け出し、ビルから飛び降りて自らの命を絶った。

千穂さんは、あの夜の小百合さんの浴衣姿を今でも鮮明に思い出せるという。

記念写真

作田さんはカメラを趣味にしている。

警察官という堅い職業だが、撮る写真は至って柔らかい。

産まれたばかりの我が子を撮影したのが始まりだ。

その後は家族のみならず、動物や風景にまで撮影対象を広げていった。

本人曰く、熱しやすく冷めやすいタイプだが、カメラだけは長続きしている。

その魅力を聞かれると、一瞬を切り取って残しておけるところがいいのだという。

プリントした写真は、それぞれのジャンル毎に分けられ、アルバムに整理されている。

背表紙に【動物・犬】【動物・猫】【風景・海】などと記されたアルバムは、十冊を超えるそうだ。

その中の一冊に、いずれのジャンルにも区分できないものがあった。

【記念碑】と記されたアルバムの中身は、撮影対象として不向きなものばかりである。

信号機、駐車場、通勤電車、何の変哲もないビルやアパート。どう見ても面白みのない写真ばかりだ。

何よりも、記念碑と名付ける意味が分からない。
だが、この一冊を作田さんは最も大切にしていた。
作田さんの説明によると、これらは全て人が亡くなった現場である。
成人したばかりの女性が衝突して亡くなった信号機。
車内に閉じ込められた幼児が亡くなった駐車場。
サラリーマンが飛び込み自殺した通勤電車。
それ以外のビルもアパートも、自殺や殺人事件があった場所である。
作田さんは、ほとぼりが冷めた頃を見計らって、そういった現場を撮影したのである。
管轄の場所もあれば、管轄外のものもある。
自殺した事実を外部に漏らしたくない家庭もあり、そういった現場は公表されない。
普通に暮らす一般人では、知りようのない場所も数多くあった。

最初に撮影した日のことを作田さんは今でも鮮やかに思い出せるという。
それは三月にしては暖かい日であった。
帰宅する途上の交差点で、作田さんは信号が変わるのを待っていた。
青になり歩き出す。渡り切ろうとした瞬間、唐突に事故のことが頭に浮かんだ。

丁度この交差点だった。華やかな晴れ着を血の色に染め、女性が亡くなったのは。

酷い有様だった。車が信号機にめり込んでいた。

女性は、顔の下半分がハンドルに当たって潰れていた。

クラクションを鳴らされて、作田さんは自分が信号機を凝視していたことに気付いた。

その一時間後、カメラを携えて戻り、撮影したのが最初の一枚であった。

その後も作田さんは現場写真を撮り続けた。

事件直後ではなく、何カ月か経った頃に撮るだけであり、咎められることではない。

かつてそこで人が死んだにも拘わらず、何事もなかったかのようにそこにある風景。

それが堪らなく魅力に感じられたのだと作田さんは言った。

街は常に人の死で溢れており、撮影対象に限りはなかった。


撮り始めて二年が経った頃。

作田さんは、半年前に起きた飛び込み自殺の現場を撮影していた。

唐突に話しかけてきた者がいる。

振り向くとそこには、若い女性が立っていた。顔見知りではないことは確かである。

「ええと、何か？」

作田さんの問いかけに対し、女性は諭すような口調で答えた。

「貴方は何故、そんなものを撮影しているのですか」

作田さんは答えに詰まった。

しまった。この女性は、ここで自殺した人の身内に違いない。

そう考えるしかない。作田さんは、とりあえず自分の身分を明かした。

自分は警察官である。

そう言った瞬間、言い訳が浮かんだ。

これは捜査とは何の関係もないが、何かの資料として役立つのではないかと思い、撮影している。

あまり上出来な理由ではないが、女性は黙り込んだ。

「じゃあ僕はこれで失礼します」

会釈して立ち去ろうとした作田さんを呼び止め、女性は意を決したかのように言った。

貴方は本当は何を撮影しているか分かっていない。

貴方には見えないだろうが、そこには人が立っている。

酷い姿だから、飛び込み自殺をした人だと思う。

貴方は自ら選んで撮影しているつもりかもしれないが、それは貴方の意思ではない。

単に操られて、撮影しているに過ぎない。

そういう人達は、いつまでも覚えていてほしいから、写真に撮られたがるのだ。

女性はそれだけ言って気が済んだのか、その場から離れようとした。
二、三歩進んで何を思ったか、女性は振り返った。
「写真を撮られるだけじゃ満足できない連中もいるから。気を付けたほうがいいですよ」

そう言い捨てて、歩み去った。

今度は二度と振り向かなかった。


折角の忠告だったが、その後も作田さんは撮影を止めなかった。

止められなかったというのが正解かもしれない。

写真はアルバムに納めるのが勿体ない気がして、部屋に飾ることにしたそうだ。

最初は特に印象深い現場を一、二枚飾っておいただけなのだが、どの現場も公平に扱うべきだと考え直し、全ての写真を飾っているらしい。

今では自分の部屋だけに収まり切らず、家の壁という壁に貼り付けてあるという。

【撮られるだけじゃ満足できない連中】だが、作田さんが言うには未だに現れていないとのことだ。

御家族は何も言わないのですかと訊ねると、作田さんは事もなげに答えた。

「先月、妻も娘も飲酒運転の車に轢《ひ》かれて死にました」

その現場の写真は、一番良い場所に飾ってあるのだと作田さんは自慢した。

道路を撮影しただけの写真のはずなのに、作田さんの妻と娘が写っているそうだ。

潮騒の母

母親の葬儀を終えた翌日から、向井さんの家に異変が起き始めた。
仏壇の前に水が溢れていたのが最初だ。
まだ扉を開けておらず、花瓶や湯飲みなどの水に関わるものは置いてなかった。
買ったばかりの花を仏壇に供えようとして気付いたという。
雨漏りなどしたことがないし、第一この数日は晴天が続いている。
不思議に思い、その水を触ってみた。
心なしか粘つく。しかも臭う。
訳の分からぬまま、とりあえずティッシュで拭っておいた。
翌日も水は溢れていた。
少し量が増えている。おかげで、何の臭いか判明した。
海水だ。
そう言えば、部屋に潮の香りが漂っている。
おかげでより一層分からなくなった。

向井さんの母親は、若い頃に海で溺れた経験があり、浜辺に近付くのはおろか写真を見るのも嫌がったのだ。

この現象の原因が母親だとすると、何を伝えたいのか見当も付かない。

何かしらの未練が残っており、それを解決してほしいのかもしれない。

そう考えた向井さんは、親戚縁者に訊ねて回った。

だが、誰一人として心当たりがある者はいなかった。

「そう言えばおまえ、加奈子さんには訊いたのか。最期を看取ったのは加奈子さんだろ」

言われるまで気付かなかった自分に苦笑しつつ、向井さんは帰宅した。

真っ先に訊くべきは自分の妻、加奈子である。

嫁姑の垣根を越え、実の母娘のように過ごしてきた妻ならば、母が海にこだわる理由を知っているはずであった。


「あら、そんなことがあったの。全然気付かなかった」

「見つけたら俺が拭いていたからな。どうだ、何か心当たりはないか。おふくろ、最後の最後に何か言ったとか」

妻は首を傾げている。

「何も言われてないわ。第一、お母様はもう何も話せなかったし」

臨終に間に合わなかった向井さんには知る由もないことであった。

結局、何も分からないままである。

その後も海水は溜まり、潮の香りは日に日に強くなっている。

家の中の金属部品が錆びてしまうぐらい、濃厚な気配に満たされているそうだ。


つい先日、向井さんから後日談を聞くことができた。

話は離婚の報告から始まった。

直接の原因は向井さんの浮気である。

「家にいるのが嫌になったから」とそれらしい理由を挙げているが、元々女好きな人だ。

今までにも何度かトラブルを起こし、その都度平謝りに謝ってきた前例がある。

加奈子さんは、ほとほと呆れ果てたのだろう。

弁解を聞き入れようとせず、頑なに離婚の申し出を取り下げようとしなかった。

これで最後という日、加奈子さんはタクシーの窓から顔を出してこう言ったそうだ。

「最後に教えてあげる。あたし、お母さんが大嫌いだった。だから、葬儀のあとにこっそりお骨を取り出して海に捨てたの。多分、それを知らせたいんだと思う」

唖然とする向井さんを残し、タクシーが動きだした。

「母さん、絶対おまえのところにも行くぞ」

投げつけた言葉に、加奈子さんは「来たらまたイジメてあげるわ」と言い返して微笑んだという。

向井さんの家は相変わらず潮の香りと海水が絶えない。

どうしようもないから放置してある。

母親の墓から骨壺を取り出して中を調べたのだが、フライドチキンの骨が入っていたそうだ。

おかあちゃん

秋元さんの自宅近くに、富永という母娘が引っ越してきたのは、今から七年前のことだ。

母親の名は典子、娘は芽衣子。

その当時、芽衣子ちゃんは八歳になったばかりであった。

秋元さんの娘と同い年であった為、登下校を切っ掛けに仲良しになったという。

典子は夜遅くまで働いており、芽衣子ちゃんは自然と秋元さんの家に入り浸ることになった。

二人が仲良く遊ぶ姿は、子供好きの秋元さんにとって宝物であったが、典子の思いは違っていた。

仕事を終えて迎えに来る度、典子は芽衣子ちゃんを引きずるように連れていった。

時折、秋元さんは芽衣子ちゃんの分も夕食を用意したのだが、典子は月末にきっちりと代金を支払ったという。

それでも典子は芽衣子ちゃんを愛しており、近くの公園でお弁当を広げている光景をよく見かけたそうだ。

小学校を卒業し、秋元さんの娘は私立の中学に通うことになった。

芽衣子ちゃんは区域内の公立中学である。

その為、小学生の頃のようには頻繁に行き来がなくなった。

典子も水商売の世界に飛び込んでおり、昼間は滅多に出会わなくなった。

近くにありながら、富永家は遠い存在になってしまったのだという。


その年の夏、富永家に関する嫌な噂が広まり始めた。

秋元さんも薄々感づいていたのだが、芽衣子ちゃんが虐待されているのではというのだ。

何かが割れる音や、ぶつかる音に混じって、典子の怒声も聞こえてくる。

薄汚い女になりやがって、などと叫んでいたという。

芽衣子ちゃんの悲鳴や泣き声は聞こえないが、明らかに殴られたと思しき痣が顔に残っている。

夏なのに長袖を着ているのは、傷痕を隠しているのではないかとも言われていた。

だが、町内の住民は噂を流すだけで、事実を確かめようとはしなかった。

実のところ、秋元さんもその一人であった。

行政に連絡すれば良いのは分かっていたが、今一歩踏み切れなかったらしい。

他人の事情に口出しすべきではないし、母親思いの芽衣子ちゃんが悲しむかもしれない。

もしかしたら、連絡されたことに逆上して、尚更虐待されるかも。

適当な言い訳で良心を塗り隠し、秋元さんは無視を決め込んだ。

そんな自分を本気で殴りたくなったのは、それから半年後のことであった。


芽衣子ちゃんが亡くなったのである。

母親が見つけたのは、亡くなってから三日後であった。

その間ずっと、家に帰っていなかったらしい。

驚いたことに母親は、葬式もあげなかった。

いつも通りの生活を続け、悲しむ素振りも見せない。

誰もが呆れ、近付こうともしない中、秋元さんは勇気を振り絞って典子の家に向かった。

見て見ぬ振りをし続けた自分を許せなかったのだという。

会話ができるとは思っていない。ただ、せめて芽衣子ちゃんの遺影に手を合わせるつもりであった。

典子は、夕方五時頃に出勤する。

その二十分前ぐらいなら会ってくれる可能性があるだろうと予測し、秋元さんは自宅を出た。

震える手でチャイムを押すと、返事もなしにドアが開いた。

顔を出した典子は、敵意を露わにして秋元さんを睨みつけてくる。

萎えそうな気持ちを叱りつけ、秋元さんは用件を伝えた。

聞いた瞬間、典子は顔を歪め、遺影なんかないと笑った。

閉まりかけたドアの向こう側に、思いも寄らないものがいた。

芽衣子ちゃんである。

秋元さんは、思わずドアを押さえた。

「何よ。まだなんか用？」

見間違いではない。すぐそこにいる。でも何と言えば良いのだろうか。

迷う秋元さんの手を乱暴に振り解き、典子はドアを閉めた。

その後、秋元さんは出かけていく典子をそっと覗いてみた。

やはり芽衣子ちゃんがいた。

何をするでもなく、ただ後ろから滑るように付いていく。

あんな母親でも子供にとっては大好きな存在なのかと思うと、秋元さんはやるせない気持ちで堪らなくなったそうだ。

だが、秋元さんの思いとは裏腹に、典子はいつになっても芽衣子ちゃんに気付きそうにない。

見えないものは仕方ない。当然といえば当然である。

秋元さんが、どれほど哀れに思おうが、どうにもならないことであった。

月日が経つにつれ、芽衣子ちゃんは姿を変えていった。

最初に見かけたときは中学生だったのだが、徐々に幼くなっているらしい。

先月、見かけたときは小学生の姿だった。

愛されていた頃の自分なら気付いてくれると思ったのかも、と秋元さんは言った。

今現在、芽衣子ちゃんは三歳児ぐらいになっているという。

それでもまだ、典子は気付かないそうだ。

ねぶり箸

真知子さんはかれこれ小一時間ほど夫の和男さんと言い争っていた。

事の発端は、和男さんの家に昔から伝わっている儀式である。

儀式とはいっても、それほど大袈裟なものではない。

誰かが亡くなったときに、故人の食器を使って食事をするというだけのものだ。

一昨日、和男さんの祖父が亡くなり、真知子さんは夫婦揃って帰省していた。

二人が結婚して初めての葬儀である。当然、今回の儀式も初めての経験だ。

「亡くなった人と疎遠だった奴が受け持つんだよ。多分、今回は君だな。疎遠というか、結婚式で会ったきりだもんな」

和男さんは当たり前のように説明したのだが、それを聞いた真知子さんは絶句した。

世間一般では故人の食器は割ったり、墓に入れたりが普通だ。

その食器を使って食事をするなど聞いたことがない。

だが、真知子さんが言葉を失ったのはそれが理由ではなかった。

要するに生理的な嫌悪感である。真知子さんは潔癖症なところがある。

自分の所有物は他人に使わせず、他人の物は使わない。その基本ルールを逸脱する行為が許せない。

そんな真知子さんが死んだ人の食器を使えるはずがない。

猛然と抗議したのだが、和男さんは笑って聞こうとしない。

「大丈夫だって。きちんと洗うし、何なら熱湯消毒もするから」

どうにも逃げられそうにない。真知子さんは和男さんに八つ当たりした。

「大体ね、何でそんな妙な儀式があるのよ。いつ誰が始めたのよ」

和男は返答に困ってるようだ。そう言えばいつからなんだろ、等と呟いている。

ちょっと訊いてくると言い残して席を離れた。

結果として、誰にも分からなかったという。

一番の年寄りである分家の曽祖父が子供の頃には、既に当然のように並べてあったそうだ。それが当たり前の習慣だと疑いもしなかったらしい。

恐らく、何代も前の御先祖様だろうとのことであった。

「とにかく座って、箸を付ける真似をしてくれりゃいいし」

そのぐらいなら何とかできるかもしれない。新婚夫婦として、妙に抗うのも後々面倒なことになりそうだ。真知子さんは渋面を押し隠し、会席の場に向かった。

つい先程、葬儀が行われた公民館の二階である。既に杯を交わしている者もいる。

席は二十席、十かける二列である。問題の席は一番前と聞かされていたのだが、左右とも誰かが座っている。

右側は本家の祖母。左側には、一昨日亡くなったばかりの祖父が座っている。

ごく普通に、そこにいるのが当たり前のように座っているのだ。

「どうした。さっき納得しただろ」

足が竦んで立ち尽くした真知子さんを促し、和男さんは適当に空いている席に座ろうとしている。

真知子さんは、慌てて夫を止めると耳元で囁いた。

「お爺さんが座っている」

「はいはい分かったから。もう、いい加減にしろよ。座って箸付けたらビールでも注ぎに回ればいいだろが」

和男さんはうんざりした顔で言う。

どうしたらいいか分からず、改めて席を見ると、いつの間にか祖父は消えていた。

会席が始まったら夫が言ったように箸を付ける真似だけして、あとは席を回ろうと覚悟を決める。

それでもまだ足は震えていたが、真知子さんはとりあえず席に座った。

並べられた食器を見る。茶碗が一箇所欠けていたが、それ以外は全く異常がない。湯飲みも漂白されたらしく茶渋すら残っていない。新品同様とまではいかないが、気にするほうがおかしいレベルだ。

他の席に運ばれている料理は、仕出屋の器にそのまま盛られている。

真知子さんの席だけ、手順が異なった。仕出屋の器から一々取り出し、故人の食器に移し替えていくのだ。

準備が整い、喪主の挨拶も済み、いよいよ会食開始である。

真知子さんは祖父の箸を手に取った。それだけでも嫌で堪らない。

この箸は、他人の口に入ったのだ。そう考えると、どれほど洗ってあっても無理なものは無理だ。

真知子さんは作戦通り、その箸で鯛の刺身に触れ、そのまま置こうとした。

ところが手が言うことを聞かない。そのまま置くどころか、刺身を口に持ってこようとしている。

真知子さんは自由が利く左手で右手を押さえつけようとした。

その瞬間、目の前に祖父が再び現れた。にたり、と笑った祖父は、すーっと自分の右手を上げ始めた。

それにつられるように、真知子さんの右手が上がっていく。逆らえない。

助けてと叫びたいのに、声すら出せない。箸を離してしまおうとしたが、指先は固く閉じたままだ。

祖父は更に右手を上げ、何か食べる真似をした。

次の瞬間、真知子さんの口に祖父の箸が入った。

ぬるりとした刺身の食感が、口中に広がる。吐きそうになりながら咀嚼し、飲み込む。

次々に料理が口に運ばれていく。真知子さんは操られるまま、次々に食べていった。

殆ど料理がなくなった膳の上に祖父がふわりと座った。

真知子さんの右手が上がり、祖父の顔に近付いていく。

祖父はまたもや、にたりと笑い、べろりと箸に舐《ねぶ》り付いたという。

様子がおかしいことに気付いた和男さんが声を掛けなければ、真知子さんは前を向いたまま泣きだしていたかもしれない。

祖父は満足げに微笑み、消えた。

ようやく動けるようになった真知子さんは、便所に駆け込み、思う存分吐き戻したそうだ。

席に戻ると、義母が近付いてきた。心配そうに眉を顰めている。

「ごめんなさいね、気持ち悪かったでしょ」

「あ、いえ。大丈夫です」

「ほんとにもう、じいちゃんたらイタズラ好きなんだから。わざわざ舐り箸なんてしなくてもいいのにねぇ」

そう言って薄く笑った。

自分一人だけが見えた訳じゃないと分かり、ほっとした真知子さんは、ふと気付いた。

そこまで見えていながら、何故この人は助けてくれなかったのだろう。

そう思ってから、義母の態度の一つ一つが気に障って仕方なくなってきた。

それでも真知子さんは、義母と親密に連絡を取り合い、しょっちゅう顔も出している。

この人が死んだとき、あの儀式を担うのは絶対に嫌だからというのが理由である。

落ち首

早くに父親を亡くした飯倉さんにとって、祖父は父親代わりの存在であった。

祖父も初孫である飯倉さんを溺愛したという。

高校卒業と同時に飯倉さんは就職し、故郷を離れた。

当然のことながら、祖父とは疎遠になっていった。


ようやく仕事にも一人暮らしにも慣れた夏の夜、祖父が事故に遭ったと知らせが入った。

電話の向こう側で母は、即死だったと絞り出すように言った。

上司に許可を貰い、飯倉さんは五カ月振りに故郷の駅に降り立った。

家には立ち寄らず、タクシーで直接、葬儀場へ向かう。

久しぶりの帰省だが、母には笑顔がない。

「じいちゃん、どんな事故だったの」

何故か母は話そうとしない。

尚も催促すると、ようやく口を開いた。

「運転中の事故なんだけどね。民家のブロック塀に激突したの」

事故の可能性など微塵もない道である。

付近の住民が助けようと近付いたが、悲鳴を上げて逃げ出した。

首が切断されていたのだ。

祖父は、己の首を抱え込むようにして運転席に座っていたという。

何がどのようにして首を切断したのか、正確には分かっていないらしい。


そんなに酷い事故だったのか。

飯倉さんは胸が締め付けられる思いを抱きながら、会場へ入った。

ひそひそと話し合う親戚連中に会釈しながら、母とともに棺へ向かう。

「じいちゃん、今どうなってるの？」

「葬儀屋さんがちゃんとしてくれたから大丈夫よ」

出棺前にも拘わらず、棺には早くも蓋が乗せてあった。

近くにいた叔父に了承を得て、蓋の小窓を開け、中を覗き込む。

そこにあるのは懐かしい顔のはずだ。

が、違った。

何もないのだ。

切断された首の断面が見えるだけであった。

飯倉さんは、嘔吐を堪えながら母へ訴えた。

「何が大丈夫だよ。首がないじゃないか」

言い終えた途端、会場が静まり返った。

血相を変えた叔父が、慌てて蓋を開ける。


首はあった。

鳩尾の辺りで上を向いている。

切断面の周辺に、幾筋もの白い縫い糸が垂れ下がっているのが見えた。

そんな場所にありながら、祖父の顔は穏やかである。

「駄目だな、何度やっても同じだ。さっさと斎場持っていこう」

乱暴な言葉だが、皆が頷く。

「しかし、爺さん一体何をしたんだろか」

その問いに答えられる者はなかった。

葬儀屋の手により、首は本来あるべき場所に戻された。

気休め程度だろうが、大判の包帯で何重にも巻かれている。

幸いにも斎場側が変更を受け入れてくれた為、予定時刻よりもかなり早く、棺は霊柩車に納められた。

町内の人間が囁き合う中、喪主である叔父が適当な挨拶を済ませ、親族一同は葬儀会場を出た。

車中、飯倉さんは母に事情を訊ねた。

「さっきので三度目。最初はお通夜のときよ。同じように首が取れて鳩尾に乗ってた」

二度目は葬祭業者が見つけ、悲鳴を上げたという。

それ以上の会話は続かず、車は沈黙を乗せて斎場へ到着した。

最後のお別れである。

大判の包帯が効いたか、首に異常は見当たらない。

棺は静かに窯の中へ納められ、点火。

待合室に入った一同は、皆一様に安堵の溜め息を吐いた。

「とにかくこれで終わりだ。終わり終わりっ！」

叔父が吐き捨てるように言うと、コンビニの袋から握り飯を取り出して食べ始めた。

数時間後、場内のアナウンスに導かれ、一同は窯に戻った。

係員の男性が厳かに宣言する。

「それでは、私の指示に従ってお骨上げをお願い致します」

棺を載せていた台が、ゆっくりと引き出される。

当然、棺は焼けて跡形もない。

灰を敷き詰めた台の上に、祖父は骨となって横たわっている。

「では皆様、順番に」

灰を掻き分ける係員の手が止まった。

先程までの厳かな表情は何処へやら、明らかに慌てている。

そうなるのも無理はなかった。

骨格標本のように綺麗に焼き上がった祖父の遺体だが、肝心の頭が見当たらない。

よく見ると、鳩尾の辺りに頭蓋骨らしきものが重なっている。

係員は仕事に没頭するほうを選んだらしく、いつもの手順で骨壺に骨を納めていった。

納め切った途端、音もなく骨壺が割れた。
代わりの骨壺に入れたが、結果は同じである。
仕方なく叔父は、コンビニの袋に遺骨を入れて持ち帰った。
祖父の遺骨は絹の袋に入れた上で、先祖代々の墓に納められた。
が、墓石に亀裂が入った為、やむなく海に撒かれたという。

あとがき

厭ノ蔵、増築中

さて、如何だったでしょうか。

妙な言い方ですが、楽しんでいただけましたか。

まだだ、まだ物足りないと身悶える人が多そうな気もしますが。

しかしつくね乱蔵ってのは、本当に厭な話を書く奴ですね。

ベストを選ぶため、単著を読み返したのですが、よくぞここまで厭な話を書き続けたものだと呆れてしまいました。

それでも初期の頃は、ほろりと泣ける話も書いていたのですが、いつの頃からか、厭な話ばかり集まるようになってしまった。

本人の不徳の致すところであり、大いに反省すべき点です。

え？　構わないからもっとやれ？

まぁ、厭な話のベストセレクションを買うような人達ですから、そう仰るのは分かってましたけれど。

じゃあ、これからもとことんお付き合いください。

身体と心が壊れないように頑張って書きますのでね。


ところで、令和二年はとんでもない年になってしまいました。

まさか、自分が生きている間にパンデミックを経験するとは思いもしなかった。

今回選んだ中に、『オリンピックの年に』という話があります。

感染の被害が拡大し始めた頃、この話を思い出してしまいました。

予言の話は後から突っ込まれてしまうのが嫌で、なるべく避けていました。

ただ、この話だけは聞いたときから妙に引っ掛かってしまい、何げなく書いたのです。

御本人も控えめながら自信たっぷりでしたのでね。

書き上げたときには、何か大きな事件でも起きるのかな、テロとかだったら嫌だなぐらいに考えていたのですが、まさかこれほど多くの人が亡くなるとは。

こういうのが実話怪談の怖いところです。妄想だとこうはならない。

それと、今現在の状況を見て思うのは、これから先あちこちで憎悪が噴出してくるだろうということ。

日を追うごとに安全地帯が削られていく中、いつもは穏やかな人が憎悪を剥き出しにして声を荒らげたり、自分の意に沿わない意見に猛然と抗議したり、魔女狩りまであと一歩のところまで来ています。

人間の厭な面が露骨に出てくるのは間違いないと思います。

この本を好んで読むような物好きな人達は、人間の厭な面を誰よりも御存知のはず。

一歩ひいた場所で、冷ややかに眺めることができるのではないでしょうか。

人間がもつ厭な面をさらけ出すことで、恐怖の免疫力を上げる。

それこそ、私が厭な話ばかり書く理由のひとつです。

もう一つの理由は——そっちの方が面白いからです。

はい、地獄行き決定。


正直、自薦ベストが出せる程、続けられるとは思いませんでした。

ここまで歩いてこられたのは、読者の皆様と、私を見出してくれた加藤先生と、竹書房の皆様のおかげです。

改めてお礼申し上げます。

これからも、厭系実話怪談作家として走り続ける所存ですので、応援よろしくお願いします。

令和二年　湖国で引きこもりながら

つくね乱蔵

初出

恐怖箱 厭怪（二〇一二年）
この子をよろしく
長椅子
指折り数えて
包囲網

恐怖箱 厭鬼（二〇一四年）
紙般若
あの子のランドセル
鬼顔の母
仏の退職
落ち首

恐怖箱 厭魂（二〇一五年）
そばにいるよ
諦めた母
沈む人形
潮騒の母
ねぶり箸

恐怖箱 絶望怪談（二〇一六年）
増加する部屋
鈴なりの木
甘納豆
上、上！
記念写真

恐怖箱 万霊塔（二〇一七年）
二人だけとは限らない
虚ろの城
オリンピックの年に
条件更新
群れる秘仏
おかあちゃん

恐怖箱 厭獄（二〇一八年）
首吊りライン
由紀恵さんと象
他人様の子
十五年の影
唇と爪先

描き下ろし
減量中止
紙般若・後日談
離れない

本書の実話怪談記事は、つくね乱蔵既刊からの再録に加え、つくね乱蔵実話怪談傑作選 厭ノ蔵のために新たに取材されたものなどを中心に構成されています。快く取材に応じていただいた方々、体験談を提供していただいた方々に感謝の意を述べるとともに、本書の作成に関わられた関係者各位の無事をお祈り申し上げます。

つくね乱蔵実話怪談傑作選 厭ノ蔵

2020年6月4日 初版第1刷発行

著者 つくね乱蔵
総合監修 加藤 一

カバー 橋元浩明（sowhat.Inc）
発行人 後藤明信
発行所 株式会社 竹書房
〒102-0072 東京都千代田区飯田橋2-7-3
電話 03-3264-1576（代表）
電話 03-3234-6208（編集）
http://www.takeshobo.co.jp
印刷所 中央精版印刷株式会社

定価はカバーに表示しています。
落丁・乱丁本は当社までお問い合わせ下さい。

ISBN978-4-8019-2264-8 C0193